美国环境法与能源法译丛

环境法精要

（第8版）

［美］丹尼尔·A.法伯（Daniel A. Farber）
［美］罗杰·W.芬德利（Roger W. Findley） 著
田其云 黄彪 译

南开大学出版社
天 津

图书在版编目(CIP)数据

环境法精要 ：第 8 版 / （美）丹尼尔・A.法伯（Daniel A. Farber），（美）罗杰・W.芬德利（Roger W. Findley）著 ；田其云，黄彪译. —天津：南开大学出版社，2016.6

（美国环境法与能源法译丛）

ISBN 978-7-310-05163-2

Ⅰ. ①环… Ⅱ. ①丹… ②罗… ③田… ④黄… Ⅲ. ①环境保护法－美国 Ⅳ. ①D971.226

中国版本图书馆 CIP 数据核字(2016)第 160629 号

南开大学出版社出版发行

出版人：刘立松

地址：天津市南开区卫津路 94 号　　邮政编码：300071

营销部电话：(022)23508339　23500755

营销部传真：(022)23508542　　邮购部电话：(022)23502200

*

北京楠海印刷厂印刷

全国各地新华书店经销

*

2016 年 6 月第 1 版　　2016 年 6 月第 1 次印刷

185×130 毫米　32 开本　8.5 印张　2 插页　181 千字

定价：30.00 元

环境法精要（第 8 版）

天津市出版局著作权合同登记号：图字 02-2014-259

译丛序言

我国环境法制建设离不开对国外经验的借鉴，在这方面，外国环境法译介起着不可替代的作用。美国作为现代环境法制建设的先行国家，其在解决诸多环境问题方面的做法受到国内理论和实践部门的广泛关注。然而，不无遗憾的是，目前国内有关美国环境法的译作并不多见，南开大学出版社组织翻译出版的本套《美国环境法与能源法译丛》，在一定程度上弥补了这一不足。

本译丛选自美国的《法律精要系列丛书》(Nutshell Series)。该系列丛书以简洁、明快的风格著称，每本书都由经验丰富的法学教授执笔，对相关法律的基本原理、法律规定以及重点案例做了精确、权威性的分析解读，深受读者的欢迎和喜爱。本译丛推出的七本书既包括对美国环境法与能源法的总括性分析，也包括对危险废物管理、有毒物质侵权等专门领域的重点解读，不仅涉及水法、动物法等传统环境法律部门，也包含了对气候变化与可持续发展这一新兴环境法领域的介绍，有助于国内读者更为全面深入地领会美国环境与能源法体系。

对环境法著作的翻译是一项极具挑战性的工作，其中不仅涉及相关法学术语，还涉及大量有关科学、技术、经济、管理等各方面的专业术语，需要译者付出艰辛的努力。本译丛由工作在环境法与能源法学术研究与法律实务一线的学者、专家担任译者。秉持译者文责自负的原则，在具体翻译过程中各书译者享有充分的自主性。

对于本译丛的几个体例问题说明如下。

第一，为充分体现译者负责的主旨，本译丛各书仅设译者，未设审校者。

第二，为了便于读者查找原文和深入学习，本译丛对书中涉及的部分人名、案例名称未做翻译，对于无法准确译为中文的地名也保留了英文原名。

第三，对于美国使用的诸如英尺、英亩、夸特、加仑等计量单位，本译丛遵从原著用法，未做换算。

序

环境法是不断变化的法律部门。自这本《环境法》的上一版出版后，在这很短的时间里，最高法院已判决了一连串重要的环境判例，奥巴马政府也出台了众多的立法议案，并进行了大量的行政管理行为。

即使没有这些改变，环境法本身也应当是一个引人注目的领域。通常情况下，环境法看起来更像是法规汇编和相同主题案例的统一体，单是首字母缩写的清单就很多，更不用说隐藏在之后的复杂状况。所以，本书意欲在混乱中找到一幅路线图，鉴于篇幅的限制，着重讲解法令和案例的关键点，细微之处留待案例书籍、条约、法律评论文献解决。本书更深层的目的是通过厘清这些混乱，找出一条环境法时间脉络，指明美国环境法四十年历程中的一些重大发展。

本书从讨论法院在环境法中的地位展开，通过聚焦 6 个具体的法律制度，来介绍和处理对公众健康产生威胁的环境问题。第 1 章讨论了关于行政法的理论以及《国家环境政策法》对司法审查的影响；第 2 章讨论了关于联邦制的理论，即法院用以分配联邦和州管理权限的理论；第 3 章讨论了大气和水污染；第 4 章介绍了风险管理的内容以及对具有科学不确定的有害物质加以处理的管理活动；第 5 章介绍了防止有害物质进入环境以及对已泄露的有害物质进行处理的法律体系。

本书最后从污染防治和保护公众健康方面转移到了保护自然区域上。第6章的内容涉及政府，特别是联邦政府在保护自然区域方面的权限，主要主题涉及征用条款、公共信托理论以及《濒危物种法》。

本书的目标是在纷繁复杂的法律细节当中提供一条清晰的路径，帮你寻找这幅环境法蓝图当中最耀眼的闪光点。虽然目前的资料已经尽可能简明、直接，但是，本书仍然指出了一些关键领域，这些领域需要读者注意问题的高度复杂性和法律的不确定性。

《环境法》的这一版本是首部没有 Roger Findley 作为联合作者参与编写的版本，但是，在未来很多年内，这本书将继续带有他的印迹。此书的完成也得益于众多助理的认真工作，其中，要对 Leslie Stone 对作者的帮助表示特别的感谢。

Daniel A. Farber

目 录

第1章　对政府决议的司法审查

在美国，多数环境诉讼会涉及政府各机构间的争议，而不是私人集团间的争端。因此，了解美国各行政机关与法院之间的关系显得十分重要。在本章，我们先讨论政府决议进行司法审查过程中的一般性规则，这些规则大多出自《行政程序法》(APA)。然后，我们将论述《国家环境政策法》(NEPA)所规定的联邦机构在做出政府决议时必须遵守的特殊程序。

1.1　环境法中的司法作用

除了政治手段，只有法院可以对行政行为加以牵制。由于环境法中政府机构的重要性，我们有必要弄清在何种情形之下法院可以对政府决议进行干预。我们可以将此问题划分为三个方面加以论述：第一，法院在何时可以受理审查政府机构行为的案件？第二，如果法院确定审查该案件，在审查的过程中需要适用何种标准？第三，法院可以提出哪些补救措施？

我们先来看第一个问题，法院受理环境案件的权限。我们可以设想一种法律体系，在这一法律体系中，每个人都可以对违反法律的政府行为提起停止侵害之诉。我们也可以设想另一种体系，解决不合法的政府行为的唯一办法是通过公民选举。美国法律采取了中间立场，即法院只可以受理部分(而不是全部)指控政府行为不合法的案件。提出这一指控的原告必须证明其是适格的诉讼主体且受理法院拥有审理权限。这种对行政行为提起的诉讼必须由具有一定资格的人才能提起的要求，一般都称为“诉讼资格”学说；所提出的争议必须是属于适宜司法途径解决的这种要求，一般称为“可审查性”问题。正是存在诉讼资格的要求，出现了大量的环境案件。

1.1.1 诉讼资格

在过去的四十年里，最高法院总共审理了九起关于诉讼资格的环境案件。其中第一个案件就是 Sierra Club v. Morton, U.S. 727(1972)。本案涉及国家林业部门的一项决议，该决议批准了沃尔特·迪斯尼企业在矿王谷(该山谷被法院描述为“一个静卧在塞拉内华达群山中的一个风光秀丽的自然区”)投资 3500 万美元兴建娱乐场。该决议遭到了塞拉俱乐部的反对，理由是国家林业部门违反了多项联邦法律规范。塞拉俱乐部未就其会员因游乐场的修建而导致利益受损直接提起诉讼，而是以其长期从事环境保护的公共利益集团的身份来提起诉讼的。

尽管下级法院表明可以根据相类似的论据授予诉讼资格，但最高法院拒绝这样做，而是根据一般性审查原则来授予诉讼资格。该一般性审查原则是根据以前在《行政程序法》的规范下审理的几起案件所确立的“事实的程序审查”，要求原告在请求对某行政行为加以司法审查时，必须要证明：(1)“事实上的损害”；(2)被政府机关所侵害的利益必须是被法律所保护和调整的利益(该案之后的判决使得利益要求更加明确，即原告所诉请的利益可以是一个特别的利益，而不要求在法律规范有明确规定）。在事实的程序审查过程中，“事实上的损害”的要求被证明更为重要。

在塞拉俱乐部案中，最高法院认为，仅提出“其一般性利益”受到了损害，即使该利益是积极的和长期的，也不足以构成“事实上的损害”。然而，这一观点的实际意义被法院的另一观点削弱了。法院认为，塞拉俱乐部只要以“该地区是它的成员用于休养娱乐的地区”为由就足以构成“事实上的损害”。因为，如果建造该游乐场，矿王谷地区将在美学欣赏方面受到损害，塞拉俱乐部的成员不能再去该风景地做远足游览，从而构成了对它的成员的“事实上的损害”。当然，毫无疑问，塞拉俱乐部是能够满足上述要求的。因此，该法院所做出的上述认定的最终作用仅是简单地要求塞拉俱乐部对该起诉书做一些修改。

第二个最高法院的判例表明，满足该法院在塞拉俱乐部案中所提出的要求十分容易。这个案件是 United States v. Students Challenging Regulatory Agency Procedures, 412 U. S. 669(1973)(SCRAP I)。该案是对美国州际商会关于提高铁路运费的决定提起的诉讼（美国州际商务委员会和铁路运输价格系统在后来都被取消）。本案中，铁路管理机构为了增加收入及平衡收支，请求州际商务委员会批准它全面提高运费。本案中，州际商会尚未最终批准这一请求，但已允许其调查结束后即可实施。原告为了提出起诉组织了一个协会，他们指控现行价格制度不公正地排斥了回收物资这一重要因素；由于运费不公，目前回收物资的利用总量远远低于应有的水平。原告同时提出，这一现状由于全面提高铁路运价，只会进一步恶化。涨价的后果会是:回收物资受到排斥,导致回收利用进一步恶化,全国范围内的废弃物总量随之增长,而他们家园附近的公园内的废弃物也会增多。他们同时指出,循环利用率的下降会导致该地区采矿量和伐木量的上升。尽管原告所推论的这一套因果链并不怎么牢靠,并且他们所宣称的自然资源的损害仅是这个因果链条的结果,但最高法院还是认为他们享有诉讼资格。

本案的决议阐明了诉讼资格的两个基本要素:第一,法院阐明,诉讼资格"不能仅因为许多人也遭受同一种伤害而被剥夺"。正如法院所指出的,因为许多其他人也遭受同样的伤害而否认个人的诉讼资格,本身就意味着"任何人不得问津更具伤害性的政府决定"。第二,法院认为,对诉讼资格的检验是定性的而不是定量的。因此,在法院认定原告的诉讼资格时,只需要审查事实上的损害确实存在即可,对于事实上损害的大小和程度无需审查。

最高法院在后来的判决中对环境案件的诉讼资格也采取了开明的态度。Duke Power Co. v. Carolina Environmental Study Group, Inc. 438U. S. 59(1978)案中的因果关系与 SCRAP I 案一样勉强。本案原告对《普莱斯—安德森法》的合宪性提出了质疑。该法案对核工业所引发的单次核事故的责任做出了限制。原告认为如果没有这种关于责任限额的规定,就不会建造这么多核反应堆,从而也不会使他们置身于各种直接的环境损害中,如渔业损失。

尽管这样的因果关系推定十分牵强,但最高法院仍认为两者之间存在着"实质上的可能性",即如果没有这部法律,核反应设施就不会在原告的住所附近建造和运行,这就足以确定原告拥有诉讼资格。本案中的被告也对原告的诉讼资格提出了异议，理由是，原告据以确立他们的诉讼资格的损害事实与原告所提出的权利主张之间没有合乎逻辑的联系。然而，法院认为原告所受的损害与他们所提出的权利主张之间没必要有这样的因果联系。（涉及地方保护的法律具有违宪性在 Bennett v. Spear, 520 U. S. 154(1997)案中得到重申。本案中，法院认为国会有权授予任何遭受事实损害的个人诉讼资格，而不需要考虑个人是否受到地方保护法律的约束。）

在 1990 年，法院对环境案件的诉讼资格问题采取的较为开明的态度发生了重大转变。首次显示出这种态度转变的是在一次会议中所表述的非环境问题观念。该观念认为，在授予诉讼资格方面，SCRAP I 案中的损害情形"或许是要求最小的伤害"的情形，进一步的评论还认为该案"肯定走到了法律最远的极限"。具体内容可见 Whitmore v. Arkansas, 495 U. S. 149(1990)案。第二个标志为发生在同年晚些时候的一个态度转变更为严重的案件，Lujan v. National Wildlife Federation, 497U. S. 871(1990)案涉及对土地管理局在资源开发中保护许多公共土地的行政命令的审查。1976 年，美国国会指示土地管理局审查西部 11 州内现行土地的冻结的情况（这些"冻结"将会在第六章中加以讨论），并决定冻结的土地是否应该为发展而重新开放。原告声称，土地管理局在许多方面违背了法律程序，其行为将会导致土地用于开矿。但法院认为原告不具备诉讼资格。

最高法院 Scalia 法官的意见是：原告的要求在两方面是不能成立的。第一，原告试图按照塞拉俱乐部的方式，通过提供宣誓书证明其成员使用了被征用的土地。法院认为宣誓书是有缺陷的，因为在本案中，原告所使用的土地只是在那些被征用的土地的"附近地区"。Scalia 法官得出结论，只有实际使用，而不是靠近这些土地就能达到要求；第二，即使这些宣誓书的证明力充分，原告也只能对那些成员使用的土地进行起诉，而无权反对土地管理局的整体计划。除非有法律规定可以直接审查整个计划，否则原告只能起诉"实施法律规范的某一具体行政行为，该具体行政行为造成了原告实际的损害或者损害威胁"。Scalia 法官的意见指出，当如《清洁空气法》等法律规范有例外情形规定或者存在要求"原告立即采取行为"的规定时，就会存在例外情形。

在 Lujan v. Defenders of Wildlife，504U. S. 555(1992)案中，Scalia 法官坚持了他的严格审查诉讼资格的观点。实际上，Defenders 案中的最终问题是：《濒危物种法》可否适用于美国境外？而法院却没有考虑到这一问题。原告诉称，在埃及和伊拉克发生的且被美国政府支持的行为可能会以不同的途径伤害到他们。而法院认为原告没有相应的诉讼资格，从而抵制《濒危物种法》中的公民诉讼条款。由于没有事实上的损害，原告只能起诉政府的行政执法违反了某些已被认可的抽象利益——而这些利益往往不是法院所关注的，而是拥有"坚决维护法律执行"的宪法义务的总统所密切关注的。

原告诉称的几种损害都没有使其取得诉讼资格。两个原告组织里的成员宣称，他们已经调查了埃及和伊拉克的相关区域并希望在将来重新提起诉讼。"诸如'总有一天'这样的想法，即没有对具体计划细节的描述或者对将来某天的具体说明"，都无法享有诉讼资格。Scalia 法官给人留下深刻印象的莫过于对这些新颖的原告诉讼资格理论学说评说。第一种理论是生态系统关系理论，即每个人都可以生态系统的相关性获取诉讼资格而不管地理距离上的远近。尽管在某种程度上《濒危物种法》是以保护生态系统为目的，但是Scalia法官仍然无法据此得出《濒危物种法》赋予了生活于该生态系统但“没有直接受到政府行为影响”的人群采取行动的权利。

Scalia法官同时评说了另外两个不太引人注目的原告诉讼资格理论。一个是动物联系论，该理论认为可以赋予研究和观察特定濒危物种的人员诉讼资格。另一个是职业联系论，赋予对物种有兴趣的专业人员诉讼资格。Scalia法官对此观点持反对意见，“这一观点大大超出了法律的限制，认为研究和观察世界各地濒危物种(这些物种甚至有可能是研究人员没有具体接触的)的人员会被影响物种的单个政府计划所伤害的观点本身就带有一定的主观推测和幻想”。

Souter法官和Kennedy法官持有相同的观点，即试图运用中间立场来支持Scalia法官的观点。Kennedy法官的附和值得注意，因为他和Souter法官都是政治上的中立者。Kennedy法官对Scalia法官的观点进行了两方面的限制。一是，他认为Defenders案的情形难以支撑原告的联系理论，但是也不会排除了它们成为指导未来某些案件的法律判例。二是，他意识到国会在减少损害周期上扮演了重要的角色：

面对政府项目和政策变得更加复杂和难以实施的情况，在传统普通法没有解决之道时，我们需要对新的行动权力进行强有力的宣传……在我看来，国会拥有权力限制损害且对原来没有发生的案件或新的探索给出明确的因果关系链条……然而，在运用这种权力时，国会最少要证明损害事实的存在并且要求与损害事实相关人员都需要参与诉讼。然而，《濒危物种法》中的公民诉讼条款并不满足这些最低要求……

Defenders 案和 National Wildlife Federation 案在诉讼资格问题上都倾向于采取严格限制的态度。这一趋势在 Steel Company v. Citizens for a Better Environment, 523U. S. 83(1998)案中进一步加强。Steel Company 案明确了诉讼资格的另一边界：对补偿能力的要求。[①] 在 Steel Company 案中，被告公司没有按联邦法律的要求披露有毒物质排放情况，原告起诉被告进行恢复性的民事罚款以及其他救济。这些民事罚款是支付给政府的，并不是用来补偿原告的损失。由于法定的侵害并没有再发生的迹象，法院认为原告的其他诉请是没有价值的。至此，原告的损失难以得到有价值的补偿，因此缺乏诉讼资格。这一观点的提出者 Souter 法官在其发动的限制诉讼资格的运动中再次赢得了胜利。

进入 21 世纪，最高法院所做的第一个关于诉讼资格的判决中，即在 Friends of earth, Inc. Laidlaw environmental Services(TOC), Inc. , 528 U. S. 167(2000)案中，指导方向上又发生了转变。Laidlaw 案是一个以《清洁水法》为依据的公民诉讼，该案被告公司多次超出许可标准排放汞。尽管下级法院已认定该公司的排放物没有引起任何的环境损

① 这一要求具体是指无法获得赔偿或者补偿的主体，就不具有诉讼资格，这一要求在后来的案件中逐渐淡化。

害，而最高法院仍然认为原告拥有诉讼资格。原告宣称虽然他们生活在这一区域，但由于被告公司污染的缘故，他们无法以娱乐和消遣为目的来使用这条河流。通过援引 Sierra Club 案，最高法院认为，“环境案件中原告的受损事实要求可以被理解为：原告宣称他们使用了受到被告行为污染的区域或者审美和娱乐价值受到损害的区域”。因为原告关于被告的排放物会直接影响到原告的娱乐和审美利益的“合理关切”使得其拥有了诉讼资格。正如 Scalia 法官在其提出的异议中所指出的，相较于 Defenders 案和其他类似案件，这一观点降低了原告的诉讼资格要求。

同时，Laidlaw 案也取消了 Steel Company 案确立的对补偿能力的要求。从广义上去理解，Steel Company 案似乎表明私人组织没有诉讼资格去寻求支付给政府的民事赔偿。然而，在 Laidlaw 案审理中，Steel Company 案中所提出法定的侵害的要求也多次出现。结果，法院认为，原告以阻止进一步的侵害为由而获得的民事赔偿可以解决将来潜在的损害。

在 Massachusetts v. E. P. A. ,127 S. Ct. 1438(2007)案中，州政府以在全球气候变化的问题上解决不力为由起诉联邦政府，对此，法院采取了与上述案件相类似的宽松的态度认可了州政府的诉讼资格。本案中，原告起诉了联邦环保局拒绝启动对汽车制造业的温室气体排放进行立法监管的行为。本案的焦点问题是原告的诉讼资格。毫无疑问，首席大法官 Robert 认为联邦法院不能受理涉及环境变化的案件，因为自从气候变化影响到整个人类社会，“真正的全球气候变暖的概念就不符合了诉讼的特殊要求”。尽管如此，在最终投票中，以五票的多数票的领先，Stevens

法官判令州政府拥有诉讼资格。

由于一些原告为州政府，联邦法院认为对于它们的诉讼资格审查标准应该更加宽松。但这些州政府加入联邦之后，它们就肩负了保护环境的主权义务——例如，与外国进行温室气体减排谈判的权力——各州政府现在依赖国会来保护它们的“准主权利益”。这种对州政府的特殊关怀会进一步刺激它们卷入司法审查的案件中来。

同时，联邦法院发现，州政府也满足了通常审查诉讼资格的三个标准。联邦法院注意到气候变化使得各州利益都受到了威胁：“如果海平面像预测的那样持续上升，一个马萨诸塞州官员认为该州沿海地产的重要部分会‘被永久性的淹没或者暂时性地被海浪淹没以及洪涝事故频发’”。至于因果关系，联邦环保局承认“人为的温室气体排放和全球变暖之间存在着因果关系”。然而，联邦环保局认为州政府作为原告参与司法审查的行为不会产生积极的影响，因为汽车行业是温室气体的主要来源，而整个美国汽车行业排放量只占温室气体总量的一小部分。联邦法院否认了这一观点——即错误地假设美国的排放量只是对总量的增加起到了很小的作用，这一对总量小幅度的增加不应该受到联邦司法机关的审查。最后，联邦法院认为在“补偿能力”的要求上，州政府也符合诉讼资格的标准。“规范机动车排放行为本身不会直接减轻全球变暖，但它是我们判断联邦环保局是否采取措施减缓全球变暖的重要标志”。

有关诉讼资格要求的论证还在不断发生着变化。在 Massachusetts v. EPA 案发生两年后，Scalia 法官终于等到了机会来总结自己从 Lujan 案就逐渐形成的关于诉讼资格的主要观点。这次，Scalia 法官审理的案件是 Summers

v. Earth Island Institute 案。该案是涉及某组织起诉被告挽救木材交易的森林服务程序。这个程序公开地违反了政府管理法律规范。该案由于其涉及具有代表性的一类案件而成为了教学实践中的假设案。联邦第九巡回法庭认为，原告有资格起诉被告的森林服务规范，因为这些规范适用于多个地区。

联邦最高法院推翻了巡回法庭的判决。原告组织试图通过其成员的宣誓书来获取其他更大区域范围的案例起诉权。这些成员宣称:他们到过很多的国家森林并且在将来可能拜访更多的森林，在这过程中他们很可能会遭遇被告制定的木材交易挽救政策和规范。但是 Scalia 法官认为这些组织成员的宣誓书是不充分的。在某种程度上，这些宣誓书没有明确具体区域，宣誓书内容所指的区域过于宽泛；同时对于宣誓书中明确提到的具体区域，宣誓书也没有陈述清楚组织成员拜访它们的“明确目的”。

Scalia 法官否认原告的观点——只要原告组织成员到过被告规范约束的地方即可获得相应的诉讼资格。Scalia 法官认为原告不仅要到访过上述区域，而且要明确宣称其组织内某一或某些成员已经受到了或者将要受到被告制定的规范的损害。Kennedy 法官赞成上述观点，但他同时也提出要审查被告已制定的规范中有没有出现“国会打算确定或授权在程序权力中分离出一些利益”的涵义。

尽管最高法院在原告诉讼资格审查时到底适用多么严苛的标准存在着重大的争议，但是在基本标准上还是存在着共同的标准。总结原告诉讼资格要求，法院要求原告遭受了事实上的损害。在环境案件中，原告必须要证明受损事实与被告的违法行为之间存在着因果联系。原告的受损事实不仅包括身体健康上的损害和经济利益上损失，还包括审美和娱乐上的侵害。为了获取诉讼资格，原告仅需要证明“实质意义上的可能性”，即获取的司法救济将有可能会减少政府的不合法行为给原告带来的环境利益的损失或潜在的损失。

1.1.2 可审查性

诉讼资格的确立并不意味着在原告所提出的诉讼中涉及的事项均能得到审理。诉讼资格仅仅说明，原告与其企图通过诉讼来解决的争议之间存在某种联系。尽管原告与所提出的争议之间具有正当的联系，但该争议本身可能不宜通过司法途径来解决。如果所提出的争议是任何人都可以对此提起诉讼的，则原告当然就是提起此种诉讼的适当人选。但是，问题是，对于有些争议或者问题是任何人都无权提起诉讼的。一个争议是否可以通过司法程序来解决的问题，称为该争议的“可审查性”。

幸好，在环境案件中，几乎所能提出的全部争议实际上都是可以进行司法审查的。这一点在最高院对 Citizens to Preserve Overton Park，Inc. v. Volpe ，401U. S. 402 (1971)案所做的判决中已说清楚了，该案涉及使用联邦公路基金修建一条穿越奥夫顿公园的高速公路。奥夫顿公园是位于孟费斯城内的一个面积达 342 英亩的街头公园。根据适用的联邦制定法规定，如果有一条“可行的而又稳妥”的替代路径的话，则联邦公路运输部长不得批准使用联邦基金来资助修建一条穿越某公共公园的高速公路。原告指控说，运输部长违反了上述限制。最高法院认为，原告有权要求对此案加以司法审查。

最高法院在《行政程序法》第 701 条中找到了确定此问

题的可审查性的关键性规定。该条规定，任何行政机关的行政行为均应接受司法审查，但(1)成文法已规定，禁止对其进行司法审查的行政行为；(2)某行政机关的行政行为是法律已授权它可以"自由裁量"的行为除外。要找到适用第一种例外的理由，法院必须找到"明确的和有说服力的证据"证明，国会确有限制该行政行为加以司法审查的意图。实际上，这种证据是难以找到的。

至于第二种例外情形，即"属行政机关有自由裁量的行为"也颇难理解，因为，即使是属行政机关有自由裁量的行为，法院也可以对它进行司法审查以确定该机构是否滥用了自由裁量权。在奥夫顿公园案中最高法院的结论是："行政机关有自由裁量权。"这一例外非常狭窄，仅仅适用于制定法的含义可以理解得十分广泛或者没有可参考的法律的情况下。这样，实际上，这种例外仅在下述情况下适用：即由于某制定法赋予了行政执法如此广泛的权力且又规定了极少数的限制，以致法院不能在某一特定的案件中得出该行政机关已越权的结论。这似乎可用另一种说法来说明，即我们无需考察某案件的所涉及的特定事实，我们就能认定该机构不可能从事不合法的行为，所以，司法审查便毫无意义。

这样，那种认为"行政机关有自由裁量权"的观点就与"该机构无论采取何种行为都是合法的"这一观点极其相同了。在奥夫顿公园案中，法院的观点是，因为该制定法已为运输部长规定了应当执行的标准，因此，做出该项决议的行为不属于该机构有自由裁量权的范围。

在少数几起例外的案件中，"可审查性"仍然是一个十分复杂、混乱的问题。总的说来，这类案件都涉及那些制定法对行政行为根本没有规定任何限制，或者所规定的限制是那么的空洞以致可以被认为几乎没规定什么限制。偶尔，因为有些行政行为涉及法院不愿意介入的某些特别的领域，如外交事务和军事决策，法院便宣布这些行为具有“不可审查性”。总而言之，在典型的环境案件中，可审查性不是一个什么严重的问题。

1.1.3 司法审查的标准

我们已经知道，环境案件中的原告必须举证证明其具有诉讼资格，以及案件中所涉及的争议是可以由法院加以司法审查的。在举证证明这两个情况后，原告就有权参与庭审了。但是，参与诉讼本身并不是原告的目的所在，而仅是原告要求法院对该案中的是非直接做出判决的必由之路。因此，对于许多原告来说，重要的问题并不在于法院是否愿意受理此案，而是法院采取何种形式来审理此案和做出何种判决。特别是，在许多情况下，此事取决于法院对行政机关所具有的专业知识的尊重，在多大程度上愿意对作为自己的对立面的行政机关的行为进行事后的劝告或者进行批评。

在讨论适用于涉及行政程序问题和事实问题的争议的司法审查标准之前，有必要了解行政程序的一些基本知识。为了帮助读者更全面地理解司法审查过程，下面我们就行政程序的各种不同形式做一扼要的介绍。

根据《行政程序法》的规定，行政行为通常可以分为三类：第一类是进行行政处理的行为。这种类型的行政行为仅适用于已由某个制定法所规定，某些争议应由行政机关根据它们所主持召开的公共意见听证会的记录加以处理的情况（有时也有一些例外）。法律所规定的应在这种行政处理中采用的程序，基本上类似于司法审判的程序。第二类行政行为是制定行政管理条例、规章的行为，除了很少的例外情况，均要求在此过程中采用“正式的条例制定程序”，这类程序相对说来还是比较简单的。即第一步是在《联邦公告》上刊出一个对所拟条例草案加以说明的通知；然后，有关的行政机关必须给予利益相关的当事人 30 天以上的时间对此条例提出修改意见；最后，该机构在颁布该项条例时，必须同时发布一项“简明的一般性说明”阐述制定该行政条例、规章的依据和目的（在规章制定过程中，都需要按照上述要求进行，几乎没有例外情形）。最后一种行政行为是政府机构做出的大量政府决议，且这些决议既不是对任何人加以制裁的决定，又不是颁发许可证的决定，更不是规定指导未来行动规则的决定。《行政程序法》只对行政行为做出了上述三种分类。

原告请求司法审查获得认可的可能性通常取决于该案涉及的问题的种类。具体来说，我们通常对问题区分为：纯粹的法律问题、与行政机关行为的事实基础有关的问题以及与行政程序有关的问题。法院对于这三种问题采用不同的审查标准。

第一种问题只涉及纯粹的法律问题。由于存在多种实际原因，应当给予行政机关的法律观点某种程度的尊重。在某一技术性较强的领域，行政机关在适用法律时比任何法官都具有更多的经验。另外，国会将执法的职责授予了行政机关而不是法院。进一步说，任何个人和地方政府应依照国家行政机关的法律观点迅速做出响应，这一点常常十分重要。如果法院对国家机构的法律观点根本不予承认，那么所涉及的问题只有一直上诉到最高法院，国家行政机关的地位才能得到保障。因此，尊重行政机关的法律观点也是实现促进守法的重要方式。

同时，最高法院也强调了尊重行政机关法律观点的另一个重要的理由。在 Chevron U. S. A. ,Inc. V. NRDC, 467U. S. 837(1984)案中（本书第三章将做详细讨论），法院强调对政策的抉择应当由政府做出而不是由法院。只要国会授予了行政机关执法权，行政机关就在该领域具有了决策公共政策的权力，联邦法官则没有这种权力。当然，机关行使职权不应超出国会授权权限。因此法院仍在确保机关的决策与法定授权之间保持一致发挥着重要的作用。然而，虽然 Chevron 案对行政机关的法律解释权给予了一定的限制，但是行政机关的决定还是拥有很高的权威性。相比于行政机关的政策法规的制定和行政处理等行为，缺乏法律执行力的行政解释权威性较弱。

对于那些事实性的问题，审查的准则取决于程序的类型。对于一个行政处理行为，审查事实性问题的准则是"实质性论据"的检验。法院必须要坚持行政机关的决定，除非在记录中缺乏支持行政机关管理的实质性论据。至于其他形式的行政管理行为，对事实性问题审查的主要参考案件是 Overton Park 案。在该案中，对于非行政处理的管理决议的审查标准是"武断和多变"检验。① 在运用这一检验中，法院须详细检查行政机关准备的记录。依照这一记录，

① 这是美国司法审查的标准之一，如果行政行为是通过非正式的裁决或非正式的规则制定行为做出的，那么法院的审查标准将是专断而反复无常基准。这一标准在联邦行政程序法、州行政程序示范法以及各州的行政程序法都有相关的规定，行政机关的决定如果不符合逻辑、不符合理性，将不被法院支持。

法院须确定行政机关是否考虑了所有的相关因素,以及行政机关是否出现明显的判断失误。在实践中,这一审查准则要么是对行政决定做一粗略的检查,要么是对行政决定的理由进行仔细的推敲,以确定记录中存在充分的支持性证据。在环境案件中,有些法院像使用"实质性论据"检验那样来运用"武断和多变"检验方法。这一工作态度常被称作"铁面无私"。这样,行政机关就会面临法院对他们行为的事实问题做详尽的司法审查。当然同时,法院也不会忘了很多裁决涉及法官知之甚少的技术性极强的事务。因此,尊重行政机关这种倾向依然存在,但比人们从"武断和多变"这一短语中所想要表达得微弱一些。

有些法官对于评价行政机关的事实性问题的技术性判断感到很不自在。以哥伦比亚特区巡回法庭的 Bazelon 法官为代表的一些法官认为,在评价程序方面,更加倾向于将该程序要求强加给行政机关,而这一做法又违反了《行政程序法》的内容。由于这一做法具有争议,它被最高法院在 Vermont YanKee Nuclear Power Corp. v. NRDC, U. S. 519 (1978)案中否决。此案涉及核废料处理的规则制定问题。在 Vermont YanKee 案中,法院认为,通常情况下,法官无权把法令、宪法和机关自身规则以外的程序强加给机关。该案判决也留有一定的余地,在极端必要的情况下,也可以强加一些额外的程序。原则上讲,法院的基本准则是,行政机关自身最有能力来决定评价程序。

然而,下级法院已经发现,Vermont YanKee 案确实留有一些策略方面的余地。Vermont YanKee 案原则的一个例外是,当行政机关违背了法定程序要求时,法院可以推翻行政机关的决定。一些下级法院已对 Vermont YanKee 案做出了反应，即对有关行政机关程序做扩大解释。例如，《行政程序法》在字面上只要求行政机关对其规则做简要的解释，并给予外界评论的机会。部分下级法院认为，评论的机会是不充分的，除非机关事先充分透露了正在考虑的技术数据。实际上，这些法院已经要求机关实行附加程序。尽管运用这一准则的法院已经停止了要求机关呈送口供或盘问，但法院仍要求认真准备有关的“书面审讯”程序。另外，还需要注意许多单项法令，诸如《清洁空气法》，这些法令包含了一些涉及在某些案例中的程序的详细条款，这些条款常常超出了《行政程序法》的最低要求。

1.1.4 救济方法

一旦原告获得了判定被告违反了法律的判决，且法院同时判令要求行政机关对该诉讼中涉及的争议加以进一步考虑时，原告就有权得到某种形式的法律救济。有学者曾对此提出过异议，如果给予原告救济本身是不合理的，要么法院应当停止给予原告以救济。联邦最高法院否认了这一观点，在 TVA v. Hill, 437U. S. 153(1978)案中，最高法院颁布了一项禁令，禁止一座已耗费了几百万美元的大坝最后完工。因为，建成这座大坝，将对一种濒危鱼类蜗牛飞鱼造成危害。最高法院认为，建成这一大坝的做法是违反《濒危物种法》的。法院在得出上述结论后认为，它除了发布一个禁令外毫无选择的余地。为了建造这一大坝已耗费了大量的资金，而且该工程已进入了收尾阶段。但是，最高法院认为，这些因素与本案无关。国会在颁布《濒危物种法》时，已经将拯救一种濒危物种的重要意义与其他的政府政策之间的重要性做了权衡，结论是，拯救濒危物种的政策更重要。联邦最高法院认为，重新评价国会对这些政策所进行的权衡是否正确并不是它的职责所在。

然而，在后来的案件审理中，法院的态度也逐渐转向谨慎。在 Weinberger v. Romero－Barcelo，456U. S. 305 (1982)案中，法院认为违背《清洁水法》并不必然导致发布禁止令。该案的违法问题是海军在训练时没有得到许可证。在这次军事演习中，需要将一些军械投入水中，这在技术上说应当是要申请许可证的。但是下级法院认为该行为不会对近海水域造成危害。根据这种情况，联邦最高法院认为，只要命令海军补领一份许可证就是足够的救济措施了。

对于救济方式采取谨慎态度的另一个案件是 Amoco Production Co. v. Village of Gambell，Alaska，480U. S. 531 (1987)案。Gambell 案涉及阿拉斯加近海岸的一片油气田的租借权问题。对阿拉斯加陆地的环境影响来说，完全有理由要求一种特别的程序来保护当地人的利益。法院发现 Weinberger 案的原则对该案具有同样的约束力，因为该案只是在程序上触犯了法律，并未对环境造成实际的损害。如果环境方面造成了实际的损害，那么其结果就会截然不同。正如法院所说的：

环境破坏，实质上，很难用损害赔偿金来加以弥补。环境的破坏常常是永久性的，或者至少有很长一段时间难以恢复。因此，如果很有可能发生环境危害，减少危害的通常做法是颁布一项环境保护的禁令。

法院重申环境损害没有发生，而石油勘探过程中的补偿利益本身就是另一联邦法规的目标。

在 Winter v. NRDC，129 S. Ct. 365 (2008)案中，法院明确了违反《国家环境政策法》的侵害行为所需要提供的救济措施，法官在考虑救济措施时，必须要将联邦政策的对立意见考虑进去。Winter 案涉及海军训练中对声呐的利用。法院认为这些训练对国家安全而言至关重要。原告认为由于声呐训练会影响到鲸鱼的生存环境，所以在声呐训练前需要制定环境影响报告。尽管这一案例发生在禁止令起步阶段，法院还是认为禁止令不能适用一切场合，即使原告诉请存在一定的价值：

法院最后认为，海军必须要准备环境影响报告，但并不需要停止声呐训练，原告认为这样的训练方式会对国家安全造成重要的威胁是没有基础的。事实上这样的无证训练已经进行了 40 年，也没有给海洋生物造成任何危害。法院最后判决，海军需要在环境影响报告中加入救济措施，包括制定规章或者准备环境影响报告的强制令而不是中止海军的训练。

在很多方面，Winter 案和 Weinberger 案极为相似，它们都是制定相应的救济措施以执行国会的环境政策。

法院至今也没有解释这四个案件是如何结合在一起的。协调这些案件的方法之一就是在考虑救济措施时，法院要本着实现立法目的来做出决定。在 TVA v. Hill 案中，《濒危物种法》的目标是不惜一切代价保护濒临灭绝的物种，实现意图的唯一方法就是禁止修建大坝。Weinberger 案的目标是根除水污染以达到符合标准的程度。地区法官要求海军申办许可证，并允许海军在此地区继续进行军事演练，这并非在上述目标上妥协。同样，在 Gambell 案中，为了实现法令的目标，并不一定要求发出初步的禁止令。另外，正如 Gambell 案中法院所指出的，如果违背程序而导致的环境破坏，通常就需要发布禁止令以执行联邦政策。

除非像 Winter 案一样，需要限制联邦政策过大的权力。因此，法律救济方式的选择既不是机械式的，也不是由地区法官任意决定的；相反，法官必须要作为国会的代言人去执行国家政策。

另外一项重要的法律救济问题与律师费有关。大部分重要的环境诉讼都是由公益组织提出的。他们的诉讼能力，即作为执行联邦法令的私主体所提出诉讼是能力，取决于他们的资金来源。这些团体的经费来源之一，是由许多环境法令所规定的奖励的律师费、可否奖励律师，以及奖励多少，一直是大量诉讼中的论题，这些争论既包括在环境案件中，也包括其他领域。对于这些问题，一般有两个原则，一是这些费用只对胜诉方有效，二是收取这些费用通常的计价方式是，每小时的价格乘以合理的投入在本案中小时数。

我们讨论的许多问题已在行政程序法的学习中做过深入的思考。然而，这里论述应该能足以使读者理解，法院是怎样在环境法案例中发挥作用的。

1.2 《国家环境政策法》

与《行政程序法》一样，《国家环境政策法》为所有的联邦政府机构规定了保护环境的责任。在此，我们着重讨论该法的第 102 条第 2 款第 3 项，即关于环境影响报告书的规定。然而，在探讨有关环境影响报告书的规定之前，讨论一下该法中的其他规定也不无裨益。

《国家环境政策法》第 101 条规定，联邦政府的政策是，运用一切有效的手段来推行联邦所制定的使环境不断得到改善的规划(当然,这些手段必须和联邦其他的各种重要政策相协调,该法并没有规定国家其他的发展目标比环境保护享有优先权)。为达到这一目标,该法第102条第1款规定,联邦的各项法律和条例,必须据“在本节中所规定的各项政策”来解释和实施。在该法通过之前,一些政府机关曾经指出,虽然它们愿意考虑环境问题,但是缺乏对环境问题加以考虑的法定权力。例如原子能委员会就曾声称,核电站所造成的热污染是其管辖范围外的事项。该法的一个重要成果就在于使所有的联邦政府机关都有权去考虑它们的行为所产生的环境后果。当然,授权这些机构以考虑环境问题的权力,并不等于确保这些机构实际上真会这么做,但是,它毕竟为愿意采取这种措施的机关提供了法律依据。

在《国家环境政策法》第102条第2款中,有一些旨在强调一些机关考虑环境问题的规定。该款第1项和第2项要求,各种新的行政程序应确保在决策过程中考虑各种环境因素。当一项提案中的方案涉及几种相互冲突的、可相互取代的可得资源的使用时(这种情况在做出任何重要的政府决策中都会遇到),该款第5项规定,该机关应当制定几个关于该行动的可供选择的替代方案。这些规定都是关于对制定环境影响报告书的要求加以补充的规定,并且为违反了制定环境影响报告书要求的情况下的司法干预提供了法律依据。该法的另一个重要方面是规定组建国家环境质量委员会。它是一个主要负责就环境事宜向总统提出咨询建议的咨询组织。

《国家环境政策法》中最重要的规定无疑是第102条第2款第3项。该款的首要目的在于迫使各行政机关在做出重要的决定时,考虑各种环境要素。该款主要规定为:

国会授权并指出，尽最大的可能：……第 2 款　联邦所有的机关都需要……

……

第 3 项　在任何对人类环境产生重要影响之立法以及其他主要联邦决定之提案报告或建议中，须包括由主管官员就以下问题提交的详细报告书：

第一目　提案中的行动对环境的影响；

第二目　提案中的行动如付诸实施，将对环境产生的不可避免的不利影响；

第三目　提案中的行动的替代方案；

……

该条还规定，联邦机关应当与其他负责管理有关环境或者在有关环境问题上有专门知识的机构协商，应当将环境影响报告书的副本送达联邦、州和地方政府的有关机关，并呈送给总统和环境质量委员会及向公众公布。该条还规定，环境影响报告书应"随同该项提案（立法或者重大的联邦行动的提案）按现行的行政审查程序"审查通过。

实际上，该法要求，各行政机关为它的行动起草一份详细的该行动环境后果的报告书，并就此报告书向其上级行政机关的工作人员、其他行政机关和公众提交相应报告。《国家环境政策法》中关于环境影响报告书的规定并未提及司法审查。的确，该规定的起草者似乎没有想到该制度的实施效果。尽管如此，在该法通过后不久，法院明显在该规定的实施中发挥着积极的作用。

了解了这些背景之后，我们就能反过来认真考虑关于环境影响报告书的规定。为了方便起见，可以将我们的问题分为两个方面来展开讨论：第一个问题是，行政机关是否需要编制一份环境影响报告书？如果第一个问题的回答是肯定的，那么，我们将引入第二个问题，即该行政机关编制的环境影响报告书应当考虑的范围是什么？应当在何时编制？环境影响报告书的内容有哪些？

1.2.1 初始要求

现在我们开始讨论关于环境影响报告书的初始要求的问题，即是否真的需要编制一份环境影响报告书？《国家环境政策法》规定，所拟的行动只有在满足以下三项要求的情况下，才需要编制环境影响报告书：(1)联邦所采取的行为；(2)性质“重大”的行动；(3)对环境会产生重大影响的行动。在美国，已有大量的涉及这些要求的诉讼。

对于第一项要求，一般说来，如果某所拟行动是联邦政府某个机构有权加以控制的，那么，它就可以被认定为是“联邦的行为”。上述建设一个新的核反应堆，由于必须持有联邦颁发的许可证才能进行，所以该行为是一个“联邦的行为”。联邦对一些所拟行动的控制可以采取多种形式来实现：有时通过颁发许可证加以控制；有时通过采取提供资金加以限制；有时则采取直接的联邦干预而加以控制，如对由陆军工程兵部队建造的一些工程，就采取直接干预的方式；有时在对一个所拟行动或者工程项目进行规划时，有意地使它全部或部分“非联邦化”，这样，就会产生一些棘手的问题。尽管如此，在大多数情况下，满足“属联邦行为”这一要求是没有问题的。

实践证明，第二项要求也不会有什么问题。只要是大量地耗用资源，不论是以货币价值计算的，还是用其他方式表示的，就足以使该所拟行动(项目)满足“重大”的行动这一要求。当然，这里也还有一个引起了激烈争论的问题，即具有严重的环境影响但规模上较小的项目还能是否被认为是“小型项目”。

虽然前两项要求在实践中还存在一个如何划清界限的问题，但是，在概念上从未产生过严重的问题。对于最后一项要求，即“具有重大的环境影响”的要求，则是很难加以分析的。这个要求提出了两个问题：一是所谓的“环境影响”到底包括哪些影响？二是此种影响到了什么程度才算是“重大”的？人们常常倾向于设想所谓“环境”是指“自然环境”（各原生态环境的区域、河流、海滩等等）。然而，《国家环境政策法》第 101 条规定，必须确保所有的美国人能享受“安全、健康、富有生产力并在美学和文化上优美宜人的环境”；必须维护美国民族的重要的历史和文化遗产；必须提高可更新资源的质量，使人口的增长和资源的利用相平衡。这些目标显然不仅限于对那些自然环境未受损害、天然状态区域的保护。1972 年被第二巡回法庭驳回的 Hanly v. Mitchell, 460 F,2d 640(2d Cir. 1972)案中，法院认为在曼哈顿岛上建造一座新的监狱，具有潜在的重大影响。法院的判决已证实，在人们所考虑的环境影响中，除了大气污染外，还有可能使该地区的犯罪增多，以及该建筑物对当地美观的影响及可能引起的其他一些社会和经济影响。

综上所述，我们可以认为《国家环境政策法》所适用的范围是无限的。联邦政府所从事的每一项活动都会对生活质量产生或大或小的影响。诚然，《国家环境政策法》的制定者们并无意要求联邦政府为它的每一项外交决议、医疗补助计划和税收计划等编制一份环境影响报告书，即使这些决策的缺失会影响到人们的生活质量。

如何界定“环境影响”？在最高法院审理的 Metropolitan Edison Co. v. People Against Nuclear Energy, 460U. S. 766(1983)案中有所体现。在此案中,联邦最高法院所面临的问题是:是否应当要求核能管理委员会在批准协和爱迪生公司建在三里岛上的一座核反应堆恢复运行前编制一份环境影响报告书?哥伦比亚特区巡回法院认为,由于该座核反应堆恢复运行将对四周的居民造成心理上的压力,因而对他们的健康造成严重的影响,所以,核能管理委员会应该为该核能反应堆恢复运行编制一份环境影响报告书。联邦最高法院明确表示同意下级法院的下述看法,即根据《国家环境政策法》的规定,对人体健康造成的影响是可以被考虑的,而人体健康包括心理健康。但是,最高法院认为,就一般情况而言"国会在《国家环境政策法》中是在谈论自然环境,可以说是我们周围的世界"。

根据 Metropolitan Edison 案的判决,只有当某种行为与自然环境的改变之间具有"合理的密切的因果关系"时,这种影响才有资格称为该行为的环境影响。《国家环境政策法》要求考虑的是对现实环境所产生的各种直接影响和将来可能出现的物质化的风险。该法确实并没有要求考虑,在某种风险并未物质化之前,仅因存在着发生这种风险的可能而导致产生的心理影响。与此相似的是,在涉及建设一所新的监狱或者其他公共设施的案件判决中,联邦最高法院指出:"由尚未具体化的犯罪风险而对四周居民造成的心理影响损害与该事宜(该设施的运行)之间的关系是如此疏远,因此它不属于《国家环境政策法》管辖的范围。"简言之,心理影响只有当它与某项具体的行为关系极密切时,才属于"环境影响"的范围。

除了确定哪些影响才算是"环境影响"这一问题之外,

还有一个问题是，严重到何种程度的环境影响才能被认为是“重大的环境影响”？对这个问题，各个法院采用的处理办法各不相同。第二巡回法院在被它驳回的 Hanly v. Kleindienst，471 F. 2d 823(2d Cir. 1972)(HanlyII)的判决中，采用了“两步审查法”。第一步先确定目前土地利用情况的变化程度，第二步再确定该行动对环境影响的绝对量。其他法院则采取了一种“系统审查法”，即将“对环境的重大破坏”和“可论证的将对环境产生的不良影响”加在一起加以考虑，并试图对该法的一些用语加以解释。由国家环境质量委员会制定、总统批准颁发施行的各种条例规定，行政机构在采取某行政行为时应考虑下述诸因素：对公众健康的影响；地理区域的特殊情况；以前采取的类似行动对环境造成的影响；该行动是否引起了强烈争议。很明显，即使在对这些因素全部加以考虑之后，还应对它们的轻重缓急做出决定。在今天，除了看起来某些法院似乎有意想对某些与编制环境影响报告书的要求密切相关的案件做出判决外，对于这个“司法信号”，我们还没有什么可以介绍的。

目前，《国家环境政策法》在气候变化的问题上面临着严重的问题。如果政府想提高碳排放量，是否需要要求其提高环境影响报告？在 Center for Biological Diversity v. National highway Traffic Safety Admin 538 F. 3d 1172 (9th cir，2008)案中，第九巡回法庭将这一问题纳入了政府将制定提高燃料利用率的规范的背景下来加以考虑。这一规范意在制定运动型多功能用车、小型客货车以及轻型卡车的燃油利用标准。行政机关拒绝考虑这一行为会对气候造成的影响。法院认为对行政机关的环境评价的审查可以使用武断和多变的检验标准，因为行政机关无法解释为什么要在全球排放标准改变的背景下，评价一个会对环境产生微不足道的影响的规范。对于这一问题，行政机关和法院之间无疑会继续争论下去。

在1989年以前，当一个机构决定不准备“环境影响报告书”时，一些下级法院会对审查的适当范围问题产生严重的分歧。最高法院在Marsh v. Oregon Natural Resources Council, 490 U. S. 360(1989)一案中解决了这一问题。Marsh案的原告声称，建设大坝需要补充“环境影响报告书”，这是根据两个公文提出的：一个来自州渔业和野生动物保护部门的报告，该报告预言大坝将对下游的渔业有较大的影响；一个来自联邦的土壤调查，这个土壤调查表明，下游引起的浑浊度比原来“环境影响报告书”所预料的更为严重。这是个是否需要对“环境影响报告书”进行补充的问题，而不是一个是否需要“环境影响报告书”问题，法院强调这两个问题是类似的。如果新信息表明联邦行为“以一种严重的方式或达到了比事先预料更为严重的程度”影响了环境，那么就需要补充“环境影响报告书”，这非常类似于编制“环境影响报告书”的初始要求。

在这两种形式下，法院认为，《国家环境政策法》需要一个机构“严格”监督它对环境所产生的结果。法院认为审查的适当标准是“武断和多变”的检验标准。因为机构的决议，无论是发布“环境影响报告书”还是“补充环境影响报告书”，都包括“某一事实争端，而争端之解决意味着实质性的机构专业性意见”。在Marsh案之后，对于这一类政府决议的审查需要借鉴Marsh案所确立的审查标准，而不是纠结于环评报告本身。

“武断和多变”的检验会导致对机构要么是粗略的审

查，要么是深入的审查，它取决于法院怎样运用这些标准。Marsh 案要求对机构的决议进行公正认真的审查。法院认为，下级法院的法官“不应该在既没有认真审查案卷又没有查明机构是否形成了一个合理的决议时，……而盲目地听从机构决议”。相反，在专家意见不一致的时候，机构仍可以“依靠自己机构内相关专家的合理意见，使法院得出相反的更具有说服力的观点”。在使用这个检验时，在确认机构的决议前，法院可以细致地审查案卷。因此，法院利用“武断和多变”的检验并不能使机构在审查问题上从严格的监视下面解脱出来。

1.2.2 环境影响报告书的范围和编制时间

一旦确定需要编制环境影响报告书，那么，它应当包括哪些内容以及在什么时间编制完毕？虽然联邦最高法院对确定需要编制环境影响报告书的初始要求并未做过多强调，但是，它却曾多次对与环境影响报告书的范围和内容有关的问题表示了特别的关注。

在讨论环境影响报告书的内容之前，简要地考虑一下编制环境影响报告书时应遵循的程序是有益的。在环境质量委员会颁布的现行条例（即 CEQ 条例）中，已对编制环境影响报告书时应遵循的程序做了详细的规定，首先要编制一份“环境评价”，对所需要编制环境报告书的缘由做简要的分析。该“环境评价”中，也必须根据《国家环境政策法》第 102 条第 2 条第 5 款的规定，包含几种所拟行为的可供替代的选择方案。如果该行政机关决定不必编制环境影响报告书，则它就必须编制一份提案中的行为“不具有重大的环境影响”的认定报告，并向公众公布此报告。但在 Marsh 案的影响下，这一做法会受到法院司法审查时适用的武断和多变的检查标准的限制。

假如该行政机关决定编制环境影响报告书，那么编制活动的第一步就是“确定编制范围”。这个活动称为“划定范围”活动。“划定范围”这一步骤，意在尽早地邀请有关行政机关和公众参与编制环境影响报告书的活动，以确定环境影响报告书的范围，确定在环境影响报告书中需要讨论的重要问题。环境影响报告书的编制过程主要包括起草、征求意见和最后审定三个阶段。将邀请对所述提案有管辖权的或者有关的各机关，以及在该提案方面有专门知识的人对此提出意见。各有关行政机关之间的一些重大的分歧，应提交环境质量委员会，并在听取它的意见和建议后再做决定。在该行政机关最后审定该环境影响报告书时，必须编写一份“决定记录”，在其中概述它所采取的行动及说明为什么它否定了其他在环境影响角度上说来也是可取的替代方案，以及它所采取的防止环境破坏的各种防范措施。

恰如CEQ条例中所指出的那样，与环境影响报告书有关的最重要的问题之一是它应涉及的范围。这也就是为什么环境质量委员会规定在编制环境影响报告书的过程中，应有一个阶段来重点解决这个问题的理由所在。实际上，可以采用的规避《国家环境政策法》的办法之一是将该提案进行分割处理。例如，联邦运输部计划修建一条穿越野生动物保护区等环境敏感地区的公路。如果它不愿对修建该公路所产生的环境影响加以全面的充分考虑，那么，它可以按照下列步骤来进行环境影响评价：首先，它可以为以该保护区的一端为终点的那一部分公路编制一份环境影响报告书。因为，该段公路不涉及任何敏感区域，所以该机构就可得出结论，该段公路不会对环境造成任何影响；随后，他可以采用上述办法，为以该保护区的另一端为终点的那部分公路再编制一份环境影响报告书。最后，当修建该公路穿越该保护区的那一段时，运输部就可以直接了当指出下述实际情况：即如果让已经完工的那两段公路断开，那么已在修建那两段公路中花费的数百万美元就会白白浪费掉。这样，待运输部最后考虑余下这一段公路的修建将产生的环境影响时，它的决定就会只能迫使人们接受既成事实。如果运输部真的这样做，那么，它在这么做的全过程中，没有一个阶段对这项工程的环境代价以及它的修建所带来的获益真正进行过全盘的考虑，这是完全悖于《国家环境政策法》的立法目的的。为了防止发生这种规避立法目的的做法，法院必须对环境影响报告书应包括的适当范围做出自己的决定。例如，在上述假设的情况下，法院就必须采取某些措施以决定环境影响报告书的范围，是否可限于该提案的某个单独的部分，且一部分一部分地加以编制呢？还是必须将整个工程作为一个整体来编制？

在环境影响报告书的编制时间和范围上，最高法院已审理了三个相关案件。第一个涉及一些在当时没有引起注意的不寻常的事实。这就是 Aberdeen & Rockfish Railroad Co. v. Students Challenging Regulatory Agency Procedures，422 U. S. 289(1975)(SCRAPII)案。本案是上文诉讼资格讨论的继续(见第二页)，最高法院对本案的诉讼资格问题进行判决之后，将本案发回重审，地区法院认为“州际商会”未能遵守《国家环境政策法》。在上诉中，最高法院推翻了这一判决。在确定环境影响报告书的范围和编制时间方面，联邦最高法院采取了一种相对说来比较机械的审查办法。联邦最高法院在该案的判决书中说：

……根据《国家环境政策法》的规定，该机构应当编制正式的环境影响报告书的时间应是它为该提案的联邦行为提出"提案建议"或提出报告之时。如果某机构已公布了该提案行动并为之召开了各种公众意见听证会，那么，则表明它已着手从事该联邦行动。《国家环境政策法》就要求它在该提案行动的建议中包括一份环境影响报告书，并在公众意见听证会中上交与会者审查。然而，在1972年10月4日的报告中，州际商会并未就此提案行动提出建议和报告。它只提出了拟对铁路实行新运价的提议。因此，按照《国家环境政策法》的规定，州际商会应提出环境影响报告书的最早时间应是它提交"提案行动"的报告之时……

为了确定必须编写何种环境影响报告书，有必要首先对将采取的"联邦行动"加以实事求是的描述。

在确定了将采取的"联邦行动"的范围后，我们就很容易对本案做出判决了。

由此可见，在SCRAP II案中，联邦最高法院采用了一种极为机械的审查方法。根据最高法院对此案所做出的判决，确定环境影响报告书的范围和编制时间，关键就在于简单地、小心地对争执的"提案"做出描述。编制环境影响报告书的时间是公布该"提案"之时而不是之前。此外，环境影响报告书的范围是由该提案本身的范围所决定的。总之，应当加以讨论的是提案的范围、影响和各种可供选择的替代方案，而不是其他什么更广泛的一些问题。

尽管联邦最高法院在对SCRAP II案做出的判决中，所用的词语相对说来是明确的，但是，它全然未引起联邦各机构和下级法院的重视。其原因在于，在最高法院的判决中，所用的其他一些词语，看起来似乎专门是针对州际商会法的，而不是环境法。

联邦最高法院在第二个案件的判决中清楚地表明，它有意使对 SCRAP II 案做出的判决具有更为广泛的影响。这第二个案件是 Kleppe v. Sierre Club，427 U.S. 390 (1976)案。人们认为，联邦最高法院对此案所做出的判决是迄今为止所做出的关于环境影响报告书的范围和编制时间的最明确的定义性说明。该案涉及向私营煤矿公司出租位于公有土地上的煤炭资源的问题。哥伦比亚特区巡回法院认为，与被人们称为“北部大平原”地区有关的、向私营煤矿公司出租煤炭资源的各个提案所产生的环境影响是相互关联的。因此，应当将这个地区作为一个整体加以考虑，并为所有这些出租提案编制一份统一的环境影响报告书。但是最高法院否认了该巡回法院所采取的并无过错的审查方式。最高法院的判决书指出，巡回法院的错误在于，不是通过理解《国家环境政策法》中的措辞来解决争议，而是用一种自创的“平衡审查”的方式来做出判决。最高法院在分析了《国家环境政策法》中所用的措辞后认为，很清楚，只有在为某项重大的联邦行动提出正式的拟从事该行动的报告时，才需要编制环境影响报告书。最高法院在对有关记录加以审查后认为，不存在什么关于整个北部大平原的提案。最高法院注意到，对于那些签署地方性的租赁行动和采纳全国性的出租行动，当然应当编制环境影响报告书。但是，法院认为，根据有关记录并无证据证明，有区域性的行动或者关于区域性行动的提案。因此最高法院对本案适用了它在 SCRAP II 案中所采用的审查办法，并判决：不必要编制一份区域性的环境影响报告书。

最高法院在否决了下级法院的处理意见之后，又处理了塞拉尔俱乐部的另一个主张,即它们所担心的并不是与该区域有关的某些提案所产生的环境影响能否得到充分的考虑,而是在该地区的各单个煤矿在经营中所产生的相互关联的各种环境影响是否能得到充分的考虑。联邦最高法院也驳回了该主张。

法院认为,对于此主张可以用两种不同的方法来加以审查。首先我们可以认为,该主张认为,政府为它早就批准的那些提案所编制的环境影响报告书是不完善的。对此,法院认为,鉴于此诉讼不是针对某个特定的环境影响报告书提起的,所以本案是不能受理的。

第二种办法是,我们可以认为,该主张是对行政机关所做出的不必为在该区域有关的全部提案编制一份综合性的环境影响报告书的决定提出的控诉。对此,最高法院认为,如果一个行政机关手中同时有几个待决的提案,且这些提案又具有累积的或者相互关联的环境影响,那么该机构应当对这些提案将产生的环境影响加在一起考虑。然而,这种表面上的让步,也因法院对此规定了两个严格的限制条件而难以实施。第一,最高法院在法官的意见中认为,这种考虑可以是为涉及某个单独的地点的环境影响报告书,即对于该总的工程项目的环境影响的讨论可以附加在为每一个特定的工程所编制的环境影响报告书之中;第二,最高法院认为,法院在对该互相关联的问题加以司法审查时,只能以武断的和任意性的标准进行审查。所以,最高法院认为,只要该行政机关在决定该环境报告书的范围时,所从事的行动不具武断性,那么,对此加以司法干预就是不合适的。

我们可以对最高法院在 Kleppe 案中所做出的判决提出两个严肃的批评意见。首先,该判决几乎未对《国家环境政策法》的立法目的加以考虑。最高法院几乎也没有考虑它的司法审查活动是推动了或者阻挠了这个法律所规定的主要目标——确保各行政机关在其做出决定的过程中，认真地、充分地考虑各种环境要素，而不仅是简单地编制一份应景似的环境影响报告的实现。根据联邦最高法院Kleppe案中的观点，《国家环境政策法》似乎只要求各行政机关在做出决定的过程中起草一份附加的报告而不必在此报告中认真地、充分地考虑各种环境要素。这一判决看来是在挖《国家环境政策法》的立法目的的墙脚。

这样，我们就可以对联邦法院所持的观点进行第二个严肃的批评。看起来，最高法院相信，它在此案中已采用了一种明确的、近乎机械的司法审查办法。然而，事实上，提案这个词并不具有什么奇特的意义。在联邦项目的筹划过程中，可能存在数十个乃至成千上百个由不同行政机关的官员拟就的备忘录。这些备忘录或是概述这种做法的可能性，或者企图对此做法做出评价；有些报告是由级别较低的行政机关拟就的，而有些是由级别较高的行政机关做出的；有些看起来较明白地阐述处理这一问题的意见，而有些则是含糊其辞。然而，我们无法给它们划出明显的界限，以决定哪些，用法律语言来说，是构成了"关于联邦机关提案的报告或者推荐意见"的备忘录，而哪些则仅是对采取此类联邦行动的可能性加以评估的备忘录。由于这些原因，正如下文将要讨论的，CEQ条例规定，为了取舍提案和提案的范围，行政机关需要提供更加细致的分析。

然而，Kleppe案的检验方法在一种未曾预料的情形中又一次出现。在Weinberger v. Catholic Action of Hawaii, 454 U. S. 139(1981)案中，最高法院面临的问题是，如果政府的决定涉及机密情报，该如何适用有关环境影响报告书的规定。具体地说，政府建造了一些“可储存核的”储存设施，但既不承认也不否认（为了安全的理由）那里是否真有核武器存在。最高法院认为，如果那些设施中的确存有核武器，就应该准备一份环境影响报告书，但这一职责并不能进行司法强制执行。原告无法证明，是否存在那么一份储存核武器的具体提案（因为任何这种提案都是机密的）。因此，按 Kleppe 案的检验法，他们也无法证明的确需要一份环境影响报告书。结果是，该案由于原告未能证明其诉讼的原因而被拒绝受理，但同时也为机构提出了某种警示，即如果军方在那里的确储存有核武器，就必须准备一份机密的环境影响报告书。这么一来，不论决定是否需要一份环境影响报告书，还是决定准备什么内容的影响报告书，都由机构自己说了算。对该案不论还有什么其他看法，该案对纠正 Kleppe 案检验法的弊端的确无所作为。

环境质量委员会曾试图理清环评的时间和范围问题。现行的规章对“提案”一词界定如下：

“提案”存在于某一决定进展过程中的这样一个阶段，即某一机构遵照法令具有某一目标，并为实现该目标正在积极决策，使用一种或多种手段，且能对后果进行有意义的估价。

这一定义基本上采用了哥伦比亚巡回法庭之前使用的提案功能性的观点，但重述了最高法院的检验法，即强调首先确定某一“提案”是否存在。其他的 CEQ 条例清楚地阐明，环境影响报告书“应及早准备，以使之能对决策过程做出有实际意义的重要贡献”，而不仅仅是“为已做出的决议提供依据或使之合理”。CEQ 条例还要求环境影响报告书考虑以下问题:(1)紧密相关的连续决定;(2)可能与提案决定有累加效果的决定;(3)按照其他"可合理预见的或提议的机构决定"应连带考虑的类似决定。这似乎反映了对Kleppe案检验法的一种延伸,即要求机构考虑其他可预见的决定,哪怕那些决定还没有正式提案。环境质量委员会的条例(如果继续有效的话),能否成功地放宽Kleppe案中的观点,人们将拭目以待。

1.2.3 环境影响报告书的内容

环境影响报告书的范围的确定也就从根本上解决了在该环境影响报告书中应当包含的主要事宜。因此,我们下面需要讨论的重要问题当然是:对于这些主要事宜应当如何说明?特别是,哪些可供选择的替代方案和哪些环境影响是必须在其中加以讨论的?

那些可供选择的替代方案是必须在环境影响报告书中加以讨论的。涉及这一问题的典型案例是NRDC v. Morton, 458 F. 2d 827 (D. C. Cir. 1972)案。该案涉及路易斯安那州东部海滨的80块海水淹没区的出租问题。这些土地约占整个出租面积的10%。该诉讼的目的在于请求法院根据《国家环境政策法》的规定发布一个禁令,禁止将这些土地出租以供开采石油和天然气。出售这些土地的租借权是尼克松总统所批准的能源计划的组成部分。原告以"为该出租区编制的环境报告书未对可供选择的几种解决能源短缺的替代方案(如放宽石油进口分配额等)加以考虑"为由提起了该诉讼。原告认为鉴于该出租活动将造成特殊的实实在在的环境影响,因此,有必要对各种可供选择的替代方案加以讨论(该出租地区与美国最大的河口和海涂沼泽地区相连。众所周知,如果在海上石油开采中发生了严重的石油污染事故，其结果必然是会对该地区的生物群落造成严重的危害）。

哥伦比亚特区巡回法庭认为，在确定哪些可供选择的替代方案是应当在环境影响报告书中加以讨论的司法审查中，法院应采取“合理原则”。[①] 被告争辩说，法律只要求内政部讨论属于它管辖范围内的那些可供选择的替代方案。法院否定了被告的此种争辩。且该巡回法庭认为，内政部必须讨论属联邦政府的任何部门管辖的一切合理的可供选择的替代方案。该法庭还认为，在环境影响报告书中必须讨论所有的可供选择的替代方案将产生的环境影响。另一方面，某种可供选择的替代方案实施的可能性越小，对它加以详细的讨论的必要性也就越小。对于那些基本没有实施可能性的可供选择的替代方案，则根本不需要加以讨论。这种决定某些方案是否应加以讨论的审查方法就是据在常人看来是可供选择的替代方案有无加以广泛地讨论的必要而决定取舍的。

最高法院在 Vermont YanKee 案中赞同了上述的司法审查办法。除了在该案判决的其他部分中法院对规章制定程序加以审查外，该案判决的主要部分是针对原告所指控的签发许可证事宜做出的。原告对原子能委员会签发许可证的做法提起了指控，认为原子能委员会未将节能作为建设新的核电站的可供选择的替代方案而加以讨论。最高法院对此案适用了“合理原则”的审查方法并以下面几条理由否决了原告的指控。首先，在该许可证签发时，节能尚未成

① 这种“合理的原则”就是指在当时的科技和社会背景下，按照常人可以合理想到的方案作为替代方案。

为一个应在其中加以讨论的重要议题，只是在后来出现了能源危机时，节能才引起了人们的注意；第二，在此诉讼中提出此问题的原告没有充分地去参加原子能委员会签发该许可证的行政决策程序。他们对签发许可证事宜列出了119条反对意见，但只有17条是与节能这一总议题有关的，同时，他们之中没有一个人去参加过原子能委员会在行政程序的最后阶段所召开的公众意见听证会。

最高法院强调指出，原告本应当充分地参加有关的行政决策程序以便促使原子能委员会重视他们的意见。最高法院认为，"原告要求原子能委员会在签发该许可证时就对在20世纪六十年代末七十年代初才出现的节能问题加以考虑的做法就像要求该机构去勘探一块尚未指明的土地一样可笑"。因此，最高法院强调指出，表面上看起来很简单的"节能问题"，实际上包含着大量的可采取的、最终会导致以这种方式或者那种方式减少电力消耗的行动。原告在指控中并未能指出应对那些特定的可供选择的替代方案加以考虑。最高法院强调指出，有必要对包括各种可供选择的替代方案在内的问题采取合理的处理方式：

常识也告诉我们，不能简单地因为某行政机关在它所编制的环境影响报告书中未对每一种人脑能想出来的可供选择的替代方案及想法加以讨论，便认为该环境影响报告书"未对各种可供选择的替代方案加以详细的说明"。时间和智慧都是如此有限，因此，我们不能仅仅因为该机构在其编制的环境影响报告书中未详述每一个可供选择的替代方案而认为该环境影响报告书是不恰当的，而根本不考虑某种可供选择的替代方案，在该行动被批准时还鲜为人知或者根本无人知晓这样一个事实。

鉴于上述理由,联邦法院对此案适用了 Morton 案的判决者所形成的依“合理的原则”加以司法审查的办法。

根据 CEQ 条例的规定,一种在任何时候、任何情况下都必须加以讨论的可供选择的替代方案就是根本不采取此行动的方案。决策的意愿常常促使行政机关自愿地去对某个特定的问题采取行动。然而,各行政机关对它所计划采取的行动的方式常常需要进行认真的选择,而这种选择的结果常常又不仅是对某些行动进行修改,而是做出根本不采取任何行动的决定。在最近几年中,我们可以看到,对“无为而治”的强调程度正在增长。当然,我们不应当假设,政府对每件事都加以干预的做法是最理想的。鉴于此,现行法律要求行政机关对它为什么没有选择“不采取行动”的这个替代方案做出解释。

如果希望使得一份环境影响报告书不致于仅仅是一份可供选择的替代方案的清单,则应当要求对每个可供选择的替代方案的后果都加以详细的讨论。一个常常引起诉讼的问题是,对各种可供选择的方案所能产生的环境影响的讨论是否充分?在确定必须对哪些环境影响加以讨论这一问题的司法审查中,仍然只能采用“合理的原则”。对于各种推测性的环境影响则不必加以讨论。遗憾的是,法院在决定哪些环境影响推测性太强,因而不必加以讨论这一方面,尚未做出什么有成效的努力。例如 1975 年的 Carolina Environmental Study Group v. United States, 510 F. 2d 796(D. C. Cir. 1975)案。哥伦比亚特区巡回法庭认为,核反应堆发生九级事故的可能性几乎不存在,因此,根本无须要求在环境影响报告书中对此加以讨论。核能管理委员会的官员在后来才将三里岛发生的核事故定为属九级事故这一类。在三哩岛事故之后和切尔诺贝利事故之前，哥伦比亚特区巡回法庭再次认为《国家环境政策法》并不要求在环境影响报告书中讨论九级事故，尽管国家资源委员会已自愿做出决定，必须在未来的环境影响报告中进行这种讨论。哥伦比亚特区巡回法庭仍认为可以实际引起任何破坏的九级事故发生的机会是可以忽略不计的。

常见的情况是，由于缺乏科技情报，机构决定采取的行动的后果非常难以确定。根据先前的 CEQ 条例，机构必须在环境影响报告书中准备一份“个案中最坏的局面”，并陈述解决这一最坏局面的方案。尽管这一规定后来被环境质量委员会废除，一些下级法院认为《国家环境政策法》仍然要求讨论“最坏个案”。然而，在 Robertson v. Methow Valley Citizens Council，490 U. S. 332(1989)案中，最高法院排斥了“最坏个案”这一规定。原告声称，机构本应当考虑，在一大群黑尾鹿的栖息地兴建滑雪娱乐场所造成的“最坏个案”影响。最高法院认为，环境质量委员会废除“最坏个案”规定的决议有权得到司法尊重。最高法院也支持环境质量委员会对“最坏个案”的修正规定。修正过的规定要求机构，在“不具备合理预见到会存在重大环境后果的信息”的情况下，要准备“一份现阶段有科学依据的概述”，并呈交“一份基于被科学团体普遍接受的理论体系或研究方法的影响评价”。

前面的讨论仅给出了某一环境影响报告书案例中可能产生的一般性问题。法院常常被迫参与各种广泛的实际调查，法院要调查行政机构对各种影响的严重性的评价，以及其对该工程抵消利益的解释。机构常常忙于对其提案的成本利润进行非常马虎的分析，总是由于偏祖自己的决定程序而推崇自身得出的分析结果。法院已多次证明，他们有能力察觉出机构的分析不可靠，并毫不犹豫要求机构重新做他们的工作。对这些问题的处理很难有一个总揽一切的原则，因为这些问题一般都与各个案例具体事实紧密地联系在一起。

1.2.4 对是非曲直的审查

到现在为止，我们已经讨论了环境影响报告书的内容和编制环境影响报告书的必要性。读者很可能会提出一个不属于环境影响报告书本身的问题：如果发生了下述情况，即环境影响报告书是完备的，但该提案的工程项目明显地具有危害环境的性质，而行政机关又仍然决定进行下去，那么怎么办呢？也就是说，《国家环境政策法》是仅对行政机关规定了程序性的官样文章呢，还是确实对行政机关的决策活动规定了实体法性的限制的法律？对于这个问题，各上诉法院是各持己见。看起来，大多数法院的观点似乎是，《国家环境政策法》确实对各种行政机关规定了实体法性的限制，如果行政机关违背了这些限制，那么，它的行为将受到司法审查。但是，除了联邦最高法院撤销了的第二巡回法庭在 1980 年 Strycker's Bay Neighborhood Council, Inc. v. Karlen, 444 U. S. 223(1980)案所做出的判决外，实际上，任何上诉法院均未有过以行政机关的决定违反了《国家环境政策法》所规定的实体性限制为由而撤销决定的做法。

Strycker's Bay 案涉及在一个中等收入的居民区内建造住房的计划。第二巡回法院认为，在本案的情况下，行政机关所做出的建房地点的选择是不适当的。根据该第二巡回法庭的观点，行政机关在考虑这个过程计划时，"应当对诸如将低收入者的住房塞进一个居住密度已很高的地区的做法，将对各环境因素产生的影响给予慎重的考虑”。联邦最高法院迅速撤销了第二巡回法庭的上述判决，最高法院认为：

在本案中，毫无疑问，该行政机关已经考虑了为低收入者重新指定建房地点的决定将产生的环境后果。《国家环境政策法》并未对此规定过多的要求。

最高法院的这一声明意味着，《国家环境政策法》并没有把实质性的责任强加给机构，或者至少可以说，违反了那些实质性的责任并不会受到司法审查。然而，在其后的脚注中，为那些按照武断和多变的标准进行审查又似乎敞开了一扇门。

但在 Robertson 案中，这扇门却又紧紧地关闭了。除了在环境影响报告书中需要讨论“最坏情况”外，原告也认为机构没有采取合适的缓和计划。在驳斥这一观点时，法院阐明了自己的观点，《国家环境政策法》完全是一种程序性要求的：

如果能恰当地辨别并估价出来提案的不良环境后果，《国家环境政策法》不能认为环境代价比其他的一些价值还重要从而阻止机构做出决定。例如，在本案中，如果美国林业局在遵照了法案的程序前提之后做出决定，Sandy Butte 滑雪场所获得的利益足以证明颁发特殊使用许可证确属正当，即便损失了 15%、50%，甚至损失了 100%的黑尾鹿群，也并不违背《国家环境政策法》。其他法令可能会把实质性的环境责任强加给联邦机构，但是，《国家环境政策法》仅仅禁止没有事先告知的，而不是不明智的机构决定。

在“《国家环境政策法》纯属程序性”这一结论中，最高法院把第101条中的环境政策说成是一种“请求性的”。这种看法在第102条的规定面前似乎站不住脚。该条规定“直接认为在最大的可能范围内,(1)联邦政府的各种政策、条例,及公共法规须依照本章之前规定的政策来解释和实施……”

按照第102条的规定,最高法院否决《国家环境政策法》所规定的实质性复审在原则上似乎是不正当的。然而,这或许没有什么实际的区别。即使允许实质性复审,“武断和多变”的检验也仅能要求机构提交一份对自己决议的“合理的解释”。这样就为审查环境影响报告书提供了另一份方法,即确保机构对自己的决议有合理的解释。(只有在法律教授的假设里,机构才会坦率地宣称,它正在毫无理由地引起一场环境灾难!)所以实际上,实质性复审与对环境影响报告书的审查或许没什么两样——某一正在做出武断而多变的决议的机构将被迫做出一份法院予以认可的环境影响报告书。

1.2.5 对《国家环境政策法》的评价

在上面的讨论中,我们还没有对关于《国家环境政策法》的一个重要问题加以研究,即《国家环境政策法》是否取得了成功。对此问题,专家们的意见又众说纷纭,但却没有一个较为客观的方法来对此加以评价。如果说《国家环境政策法》有效的话,那也只是很少的几项联邦工程计划确实因法院根据《国家环境政策法》的规定发布了永久性的禁令而停止进行。通常的情况是,在依据《国家环境政策法》起诉之后,工程就停止了,其原因常常是由于要么是地方机构,要么是联邦机构从工程中撤出。这种从过程中撤出的决定在多大程度上是由《国家环境政策法》起诉引起的拖延所造成的，还不大清楚。机构不再采取有争议的行为，在多大程度上是为避免起诉所引起的花费与拖延，也是不可能弄清楚的一个问题。但因为有《国家环境政策法》，至少一些环境方面不正当的工程的确是被废止了或没有开工。另外，其他的一些工程计划，为减少对环境的影响，已经被修改。没有回答的问题是，因为某些与诉讼有关的工程计划最终还是照样进行下去了，那么，通过此种诉讼所取得的好处是否足以补偿由于进行了此诉讼而花费的诉讼费用和造成工程延误花费的费用的总和呢？

如果结果证明，《国家环境政策法》没有为环境保护做出重大的贡献（一个自身引起热烈讨论的话题），最高法院或许应该承担一定的责任。自从《国家政策法》颁布之后，最高法院已据此判决超过了 12 个相关案件的败诉。事实上，它也从未对下级法院依据《国家环境政策法》判决败诉的案件提出过复审。那些支持《国家环境政策法》的下级法院却发现，他们的判决反而容易受到最高法院的复审。一个愤世嫉俗的观察家可能会说，在《国家环境政策法》方面，最高法院唯一感兴趣似乎是该法约束了下级法院的法官，这些法官对《国家环境政策法》显示出了过分的热情。或许这是一种不正确的理解，但事实上的确是最高法院并不支持下级法院对该法的有效运用，也极少表现出对该法的兴趣。最高法院对待《国家环境政策法》的态度很难有效提高其效力。

小结：《国家环境政策法》规定，行政机构应当在对某项具有严重的环境影响的重大的联邦行动提出提案报告时，为该行动编制一份环境影响报告书。在其确定是否真的需要编制一份环境影响报告书时，最难回答的问题是，该行动是否会产生严重的环境影响。一旦得出了需要编制一份环境影响报告书的结论,我们所面临的下一个问题就是环境影响报告书的范围是什么。对此,联邦最高法院已经做出了明确的回答,即环境影响报告书的范围只能根据该机构正在考虑的提案的实际范围而定。在环境影响说明书中,必须对各种可供选择的替代方案以及该所拟行动将产生的环境影响加以详细论证。在确定哪个可供选择的替代方案及它的环境影响是否应当在环境影响报告书中加以讨论的这个问题时,应采用"合理的原则"的审查方法。不管成本效益如何,这个法定的要求都需要时间去检验。实际上,这一做法也为许多州和其他国家所效仿。

第 2 章　联邦制与环境

美国可以被分为五十个州和一个哥伦比亚特区，但环境问题并不受地理界线的限制。一个州的环境问题常常是因在另一州从事的行为所造成的。因此，这种情况可能导致各州都无法有效地保护它自身的环境；但是，另一方面，当一个州试图对环境加以管理时，它所采取的此种管理行为也可能在其他地方引起反响。制定法规的州可能没有考虑到它的法规会迫使在它管辖范围之外的一些个人和机构承担各种费用。更严重的是，人们普遍认为，每个州都担心本州的"经济水平最差"，所以每个州都会降低它们的环境准入标准以吸引更多的企业投资。因此，这种权力分别划分给各单位的做法，不可避免地会产生下列问题，即这种权力的划分和环境单位的划分或者经济单位的划分是明显不一致的。

幸好，地方政府具有较为完整的权力，可以部分地弥补这些缺陷，从而使我们可以得到一些好处。在公众迫切要求解决环境问题的一些州，可以采取相应的保护环境的行动，而不会受其他那些对环境问题不太感兴趣的州的牵制。这样，就更便于政府对民众的愿望做出反应。同时，各州还像实验室一样，各种形式的环境管理在全国范围内实行之前，可先在一个州内试验。总而言之，联邦制既是一种麻烦，又是一种有用的工具。

联邦制的功能在很大程度上是通过政治途径来发挥其影响的。国会议员们对侵犯各州传统特权的立法可能不太愿意投赞成票。然而，本章要讨论的问题将仅限于宪法意义上的联邦制。在本章的第一节中，我们将讨论宪法对联邦政府制定环境法律规范的限制。在第二节，我们将讨论宪法对各州制定环境法律规范所加的限制以及限制程度。

2.1 联邦的权力范围

美国宪法的一个基本精神是，联邦政府不具有无限的权力。它没有，至少在理论上没有，采取它认为是符合公共利益的一切行动的权力。相反，它只是一个拥有有限的委托权力的政府。联邦政府要制定环境法规，必须利用有限的特别权力中的某一种权力。就目前要谈的问题来说，这些特别权力中最重要的是管理州际商务的权力、征用和使用税款的权力、缔结条约的权力和管理公有土地用途的权力。这些特殊的权力组合在一起，就构成了联邦行使立法权的武器库。

2.1.1 商务权

实际上，在这些联邦权力中，最重要的权力是管理州际商务的权力。最高法院在 Hodel v. Virginia Surface Mining and Reclamation Association, Inc., 452U. S. 264 (1981)案中明确了这一权力的范围。Hodel 案涉及《露天采矿与复垦法》(见《美国法典》第 30 卷第 1201 条及以下)，该法对露天采矿规定了一系列详细的法定限制。这些限制中最重要的是要求把土地恢复到近似原来的状态。本案中的采矿协会争辩说，该法的主要目的是为了管理私有土地的使用，而不是规定煤的开采对州际商务的影响。因此，该协会提出，根本的问题是，这些土地是否是受据商业条款[①]规定而制定的条例所管辖的土地。最高法院批评了以这种方式提出问题的做法。最高法院认为：

法院的任务是确定国会在行使某特定的权力时是否违反了狭义上所说的商业条款的内涵。如果国会做出认定某被管理的行为是影响州际商务的行为，且这种认定是有适当根据的，那么，法院就必须服从国会所做出的这个认定……

影响在这个领域里进行的司法审查的最重要的事实是商业条款赋予国会以无上权力。这个权力“本身是完整的，可以最大限度运用，并且，它除了受宪法的限制外，不受任何其他限制”。更重要的是，商务权不仅包括“使用州际之间或对外贸易流通渠道”和“保护进行州际贸易的方式，或者保护贸易关系中的人和物等权力”，也包括对“影响贸易的行为加以管理的权力”。正如我们在 Fry v. United States 421U. S. 542,547(1975)案中所解释的那样，“即使性质上纯属州内的行为，只要它是和其他处于类似情况的主体的相似行为有关，从而影响州际贸易或对外贸易，国会就可以对此加以管理”。

法院在将此种审查方式运用于《露天采矿和复垦法》后发现，国会上述决定的一个合理根据是：露天开采影响了州际贸易。采矿对水污染产生的影响是特别严重的。法院还

---

① 美国宪法第 1 条第 8 款第 3 项：国会有权管理与外国的、州与州间的以及对印第安部落的贸易。

注意到，有必要制定一个统一的国家标准，因为个别州欲对此事加以立法管理会遇到一些困难。

最高法院进而宣称，土地使用是否应被认为是一个地方性的行为是无关紧要的，只要国会合理地认为，为了保护州际贸易免受不良影响，有必要对某些行为制定管理的法规，属于地方性的行为特点是无关紧要的。法院还驳回了这样的争辩，即早已有各种其他的联邦标准在控制露天采矿对环境造成的危害，这充分地强调了联邦的利益，因此，没必要再颁布该法。法院认为，“对这个争议的简单回答是，现行法律在处理国会所认定的问题上的有效性，通常是应由立法机关自己来决定的”。

在 Hodel 案中，法院驳回了对《露天采矿和复垦法》的另一轮攻击。在这个案件中，地区法院认为，该法案中试图保护主要的农用地的条款是违宪的，全国每年受到采矿影响的农用地只占其总面积的 0.006%。因此，对州际商务的影响是“极微小的”。最高法院否定了这种定量的审查方法。最高法院认为：“合理的调查不是涉及多少贸易量，而是国会能否合理认定，应当依法管理的行为是影响州际贸易的行为。”法院为这种认定找到了充分的根据，即国会有露天采矿对农业生产影响的证据。法院注意到，即使按照地区法院对影响土地数量的调查结果看，受到影响的谷物产量总值仍将每年在 5600 万美元左右。这正如最高法院所评述的，“这肯定不能算作一笔无足轻重的贸易额”。

Hodel 案给予了国会在商业条款方面的权力的高度的尊重。鉴于此，最高法院对 United States v. Lopez, 514 U. S. 549(1995)案的判决使得许多观察者都十分惊讶。在 Lopez 案中，最高法院的多数意见背离了过去六十年的司法实践,即否认国会可以拥有超出规范私人活动的商业条款所赋予的权力。特别是,法院否认了联邦法律所规定的禁止在学校周围销售武器的规定。多年以后,Lopez 案的真实含义我们还不得而知,但是该案的观点不会危及到先前 Hodel 案的判决。

在 Lopez 案的处理中,首席大法官 Rehnquist 的观点与占多数意见的其他五位法官的意见相一致,即希望在不否决一些案件和危害固有的联邦制的前提下,限制商务权。这个意见是由原来对联邦和各州的权力划分上而来的,前者的权力是“又小又受限”,而后者的权力是“很大而不受限制”。Rehnquist 法官强调,这一权力划分的初始目的是维护各州的自由。同时他也承认联邦权力的范围在新政时期得到了一定程度的增加,这一部分是因为经济领域的巨大波动,一部分是因为消除在联邦权力上人为受限的意愿的出现。然而,通过对新政时期案件法律的分析,Rehnquist 法官认为,相比于之前《校园枪支管理法》直接地增加了国会权力的范围,但是,Rehnquist 法官还是决定对这权力范围进行进一步扩充。得出了这样的结论后,Rehnquist 法官意识到对于教育等州政府关心的传统核心领域相关的法律规范,国会在当时并没有对禁止商业贸易活动的影响做出结论,同时,这些法律规范规定也不要求有证据表明被告的活动与商业交易之间存在联系。

Kennedy 法官赞同 O’Connor 法官的观点,他认为,上述法律规定在一定程度上“扰乱了联邦制的平衡性,成为了商务权具有违宪性的宣言书”。相比多数意见,Kennedy 法官附和的观点更具试探性,它一再强调法院的角色是平衡各州和联邦政府的权力,而不是对整个联邦权力进行重新安排。Kennedy 法官认为商业条款侵犯了各州的主权，在缺乏强有力的商业活动的情况下，"干扰并破坏了先驱们设计的联邦制的平衡原则，并迫使法院加以执行"。

多数意见和 Kennedy 法官的附和都强调管理活动具有非商业性，这一看法可以适用到在学校附近持有枪械的处理中。后来的一个判决否认了联邦一项关于暴力对待妇女的法令，该案也是涉及的问题完全具有非商业性的特点。相反，环境法律规范往往过分地关注商业活动，如工业、农业以及航海。更甚的是，污染给各州间的不良后果远比拥有枪支更加明显。由于这个原因，Lopez 案并没有给现存的整个联邦管理体制带来威胁。然而，其有可能对运用于本地的、调整非商业性的活动的环境法规产生微小的影响。特别是在执政的政党对商业活动不感兴趣时，Lopez 案给在各州边界地区适用保护联邦湿地和濒危物种的法规留下了疑惑。

最高法院在 Solid Waste Agency of Northern Cook County (SWANCC) v. U. S. Army Corps of Engineers, 531 U. S. 159(2001)案中间接提到了这些宪法性的问题。法院面临的问题是在 SWANCC 案的处理中是否需要在抛弃碎石场之前取得一个联邦许可证。在商业条款的约束下，联邦的司法审判覆盖了"可航行的水域"，甚至是"美国领域内的所有水域"。政府宣称，SWANCC 案所涉及的联邦司法权是受军队的"迁徙鸟类"法案所约束的，这一法案宣称联邦司法权所涉及的州内水域是为迁徙的鸟类所使用的。最高法院认为这一法案超出了对军队的立法授权。最高法院对商业条款是否能够支撑起关于迁徙鸟类的规范表示了怀疑，并且解释了这一规范以避免该条款产生违宪的可能。在"发现国会没有做出明确的声明后",最高法院否认了"各州在使用陆地和水域上的传统和当前行使的权力正在进行着激烈的碰撞"的观点。正如我们将要在第六章所要讨论的,联邦在湿地方面的立法授权正饱受着各方面的质疑。

Lopez 案中联邦和各州之间的权力范围是不明确的。在 Gonzales v. Raich, 545U.S.1(2005)案中,最高法院对 Lopez 案中不明确的范围做了重要的限制,即通过重申如果部分地方活动会对州际商业贸易产生实质影响的话,国会可以出台直接规范地方活动的法案,以防止各地制定的约束地方活动的法规逐渐削弱州际市场规范的权威。Scalia 法官在其附和中强调,Lopez 案中规范并不能成为经济活动中的重要依据。这一判决预示着大多数的联邦污染法令都具有合宪性,即使是适用于当地和非商业活动的法令也是如此。

即使是在 Lopez 案之前,国会针对地方政府活动进行立法的权力也曾受到质疑。联邦宪法的《第十修正案》[①]曾多次成为保护各州主权的主要依据。有时,即使最高法院承认这些法令按照《商业条款》属于国会的权力,最高法院也否决联邦制基础上的联邦法令。即《第十修正案》充当了"新政"之前的联邦统治基础,但是在 1937 年后,它已被广泛认为不再有效。在近 40 年间,《第十修正案》至多是一个被普遍认为的老生常谈的道理,它表明"那些没有被放弃的东西要保留下来",具体内容可参见 United States v. Dar-

---

① 该修正案的内容为:宪法未授予合众国,也未禁止各州行使的权力,由各州各自保留或人民所有。

by, 312 U. S. 100(1941)案。然而，在 National League of Cities v. Usery, 426 U. S. 833(1976)案中又恢复了《第十修正案》，该案缩小了联邦最低工资范围以支付政府雇员的工资。

由于 League of Cities 案以《第十修正案》为依据，这使得一些重要的联邦法令受到了挑战。结果是美国国会权力界限变得混乱不堪。例如，美国国会能否强迫各州实施汽车检查项目，下级法院意见不一。尽管最高法院从没有解决这一问题，但确实否决了《第十修正案》对其他重要环境立法的挑战。在 Hodel 案中，法院支持了《露天采矿法》，反对了《第十修正案》的政策。根据《第十修正案》，土地属于州管理范围，不属于联邦权力范围，而最高法院反对这一规定。最高法院认为，只有在国会把责任直接赋予州官员时，《第十修正案》才能生效。在 FERC v. Mississippi, 456 U. S. 742(1982)案中，尽管法令赋予了州行政机关某些明确的责任，但是意见分歧很大的最高法院仍然支持 1978 年《能源保护法》中的部分条款。

Blackmun 法官在 League of Cities 案上一直持左右摇摆的态度。但在 Garcia v. San Antonio Metropolitan Transit Authority, 469 U. S. 528(1985)案中，他一改常态，投了驳回 League of Cities 案所确立的原则的最重要的一票。像早期的案例一样，Garcia 一案牵涉到了调整公共运输工人的联邦最低工资的法律。由于区分完整的州功能和其他州活动的努力归于失败，法院认为，政治程序是各州反对国会的主要盾牌。至少在政治程序十分健全的情况下，法院不应横加干扰。

即使 League of Cities 案作为宪法原则已不复存在，但是近来，作为一种法规解释的新方法，League of Cities 一案又被赋予了新的内涵，即 Gregory v. Ashcroft, 501 U. S. 452 (1991)案，该案涉及把《联邦年龄歧视法》应用于州法官的问题。由于案件涉及州主权的核心方面，最高法院认为必须对法令做严密的解释。以 O'Connor 法官观点为代表的最高法院意见认为："的确，由于最高法院在 Garcia 一案把保护州政府、反对国会干涉性地实施商业条款权留给政治程序，我们确信美国国会的意图就是要实施这种权力。"在回顾了这一法令之后，她断定"国会是否有意使《联邦年龄歧视法》约束被任命的法官，这还不清楚。由于意图含混不清，我们并不认为国会有意干扰州政府的功能……"相似地，在 SWANCC 案中，法院拒绝采纳机构对其制定的法规的解释，这些解释会提出"会涉及宪法和联邦制中意义深远的问题"。

国会对各州活动进行限制并不意味着各州会欣然接受。New York v. United States, 505U. S. 144(1992)案涉及国会是否有权要求各州建立较轻的辐射污染的处理项目，并且对没有将这一项目纳入计划的各州"带上浪费和污染的帽子"。很显然，国会的这一规定陷入了窘境：每个州都想对当地化学企业的轻度放射性物质进行处理，但是每个州都希望其他州能提供这一处理场所。当各州对规定的目的没有争议的时候，最高法院拒绝采用"扣帽子"的规定来迫使各州进行相应的立法活动。在本案判决中，O'Connor 法官认为，将州政府从联邦的压制中解放出来是最为基本的原则，联邦对各州的压制从来都是不被允许的——即使州政府加入了联邦的立法中（纽约政府曾有过这一做法），并且不在乎联邦政府以其所管理的利益相威胁。后一观点显著地提升了各州诸如种族平等和言论自由等主权,这些都可以削弱联邦权力的基础。然而,值得注意的是,上述国会的规定中也提出了多项刺激措施以鼓励其各州的立法,对于这些激励措施法院却表示予以支持。

从 1937 年开始,最高法院就慎重地明确了国会在立法范围上的自由,特别是在商业活动方面。然而,目前,国会的权力在两个领域受到了挑战。第一个是,出于对私主体的尊重,国会的权力会受到限制,特别是当一个法案调整在传统上各州关注的非商业性活动的领域,并且没有显著的州际合作时。第二个是,当直接侵犯州政府的规范在 1976 之后出台,即在 League of Cities 案所做的倾向保护州政府的利益判决后出台的规范,尽管后来的 Garcia 案取代了 League of Cities 案的原则,但是目前的趋势好像又回到了倾向保护州权力的时期。

也许,相较于已过去的联邦权力达到顶峰的半个世纪,对联邦权力未来最可靠的的预测是,其在法律领域将会保持活力和不确定性。然而,这些发展似乎没有威胁到联邦环境法的内核。

2.1.2 联邦的其他权力

在联邦的其他权力中,依宪法的财产条款而产生的权力也许是最重要的。该条规定:"国会有权处理属于合众国的领土和其他财产,并有权制定各种与此有关的、必要的法律法规。"由于大量土地属于联邦政府所有(总面积大约和印度的面积差不多),因此,这一条款至关重要。大约 1.8 亿英亩已被划分为国家森林和国家公园保留地。这一片广袤的土地构成了国家所拥有的荒地的一大部分。宪法中的财产条款正是给了国会保护这些土地的权力。

有关依据财产条款而产生的国会权力的典型案件是Kleppe v. New Mexico，426U. S. 529(1976)案。Kleppe案涉及《野马和野驴保护法》，这一法案保护所有在公有土地上未烙有印记的野马和野驴免受捕猎。如果这些动物误入私人土地，主人可以要求政府将它们驱除。在Kleppe案中，州管理狩猎的看守人就进入了私人土地驱除这些野马。州政府争辩说，该法不能为宪法中的条款所支持。州政府认为，该条款仅授权了国会以处理联邦财产和保护联邦财产的权力。州政府声称，前一种权力不足以支持保护生活在联邦财产上的野生动物的立法；后一种权力也不能适用，因为据称该法案是为保护动物而制定的，而这些动物本身并不是联邦财产。法院否认了这些争辩中对财产条款的狭义理解。根据法院的意见，该条款并不只限于对有关联邦财产的处理、使用和保护做出规定，相反，国会既拥有作为公有领土的财产所有人的权力，又拥有作为立法机关的全部权力。关于公有土地，国会拥有的立法权就像各州对属本州的土地所拥有的那种充分的立法权一样。因此，国会可以基于任何公共目的，对在公有土地上从事的行为加以管理。

关于财产条款是否授权对公有土地相毗邻的私有土地加以管理的权力这一点，还不太清楚。在早先的一个案件中，最高法院曾判决，国会有权命令拆除一个建在私有土地上但妨碍公有通道的栅栏。具体案情见Camfield v. United States，167 U. S. 518(1897)案。最高法院判决，这个栅栏构成了民事侵权行为中的妨扰行为，因此，国会有权排除这种妨扰。法院认为，国会有权保护公有土地，并不需要寻求州立法机关的协助。依照这种论述的逻辑，一些下级法院把财产条款做了相当广义的解释，允许国会有禁止任何在私有土地上进行的、妨碍国会为达到它保护公有土地的目的而进行的行为。具体内容可见 Minnesota v. Block，660 F. 2d 1240(8th Cir. 1981)和 United States v. Brown，552 F. 2d 817(8th Cir. 1977)。因此，假如国会划出一块公有土地作为公众安静地、不受干扰地进行休息的场所，那么它就可以禁止在与它相毗邻的私有土地上从事发出强烈噪音的行为。只有对财产条款的这样理解才是正确的。如果宪法授予国会将公有土地用于某一特别目的的权力，那么它也必然授权国会通过防止来自私人方面的干扰达到该目的的权力。

一些下级法院将 Kleppe 案理解成，控制公共土地的联邦权力不仅广泛，而且专有，对任何处理公共土地的州法律都具有优先权。然而，在 California Coastal Commission v. Granite Rock Co.，480 U. S. 572(1987)案中，法院清楚地阐明，国会管理公共土地的权力并非必然专有。运用本章第三节将讨论的优先权分析法，法院支持州法律关于在公共土地上开矿的观点。(注意：开矿是由私人集团进行的；约束联邦政府各种活动的州属权力明显受制于联邦主权豁免权。)

我们至少还应当注意一下国会权力的另外两个渊源。一个是宪法所赋予的签约权。国会有着广泛的缔约权，它可以就国际事务与外国签定条约。因此在 Missouri v. Holland，252 U. S. 416(1920)案中，最高法院维持了一项关于限制捕猎候鸟的条约。今天，对于这种问题的立法，毫无疑问地会通过引用商业条款而得到维持。法院在 Missouri v. Holland，252 U. S. 416(1920)案判决中认为，即使国会据商业条款而拥有的权力无法延伸到关于候鸟的问题，但已签定的有关此问题的条约，也是国会可行使颁布与此有关的法律权力的合理基础。

国会权力的最后一个渊源是开支条款。宪法授权国会可以为公益支付款项。最高法院一般认为，国会有权自由决定哪些事情是公益的。这一条款很少导致诉讼，但其对于经济发展来说却极为重要。例如，国会据此条款已批准向地方政府支付巨额款项，以资助建造城市污水处理厂。开支条款同时授权国会列出联邦拨款的条件，并给予了联邦比州政府更多的裁量权。

正如我们所看到的，在环境领域内，国会的权力实际上是无限的。商业条款几乎涉及任何有重大环境后果的私人行为。这种权力本来已相当广泛，更何况还可以由其他一些广泛的权力，诸如保护公共财产、处理国际事务以及公益开支款项的权力来加以补充。

宪法不仅授予联邦政府各种权力，它还限制了州政府的一些活动。在下一节里，我们来谈一谈宪法在环境领域中对州政府的这些限制。

2.2 商业条款对州权力的限制

在统一的国民经济中，大量的、彼此存在差异的各州级环境法的存在，势必妨碍到贸易流通。诚然，由于受到地方上各种问题的压力，各州在环境保护这一问题上经常是走在前头的。在环境管理中，本州的地方性利益和其他州的经济利益之间存在冲突，任何有关州的法院都无法有效解决这一冲突。很明显，颁布法规的州和受到此法规影响的其他州都有各自的利益，而这种利益使得他们不能完全公正地处理问题，因此，联邦的法院就被理所当然地认为是能处理这类利益冲突的特别法庭。

平衡环境法规的要求和经济发展的外部性问题并不是美国所特有的。欧洲法院也试图在欧盟各国间建立这样的平衡。在不断扩大的国际环境法领域，作为自由贸易规则的WTO(世界贸易组织)规则也使得各地的环境规范陷入矛盾中。在WTO规则第三条款的约束下，各国都要将妨碍进口的规范视为非法。然而，这一规定也不是绝对的，在WTO规则第十条款就规定只要这一规定涉及本国政府不可避免的关键利益时，各国政府就可以针对该规定提出辩护。一个特别引起争议的领域是，各国政府是否可以在进口商品可能会影响到本国环境的情况下抵制进口活动。例如，由于会对海豚的生存造成影响，美国政府是否可以在一定程度上抵制金枪鱼的捕捉？WTO规则第十条款可以适用到更加平常的环境规范，即只要进口会对本国商品产生影响时就可适用。WTO法庭现在正在开始分析这些困难的问题，而美国法院在约翰·马歇尔首席大法官时期就试图对这些问题加以解决。

联邦法院进行干预的基础是宪法的商业条款。从商业条款的字面上看，它仅将权力授予国会，而未授予联邦法院，也未授权联邦法院对州的立法规定某些限制。然而，自从十九世纪初叶以来，最高法院就一直将商业条款作为否决某一种类的州立法的武器，国会对此也缄口不言。人们通过对各种学说进行解释来支持这种司法干预。此外，这种限制正随着各种解释的变化而越来越强烈。在此我们为了学习的需要，绕开相当紊乱的商业条款理论的历史变迁，专门来谈谈当前的商业条款理论。

目前,有关商业条款的理论有三种。第一种理论可用来检验州所制定的歧视州际贸易的立法。这样的立法实际从本质上讲是违宪的。第二种理论可用来检验州行使其所有权的行为。这样的立法实质上是规避商业条款的限制。第三种理论可用来检查所保留的其他立法形式,这些立法形式需用一种衡平审查的方式来处理。

2.2.1 带有歧视性的州立法

第一种理论可用 City of Philadelphia v. New Jersey, 437 U.S. 617(1978)案来说明。这一案件涉及新泽西州颁布的一项禁止将州外产生的废物输进该州的法律。最高法院否决了这种限制。诉讼双方所争论的是,这种限制的目的究竟是在于袒护本地的工业还是在于保护环境,防止滥用本州的资源。最高法院认为不需要解决这个争端。法院认为:"地方保护主义的弊端既存在于立法手段之中,也存在于立法的意图之中。"因此,"不论新泽西州欲达到的最终目的是什么,它是不能用歧视外州商品的方法来达到这种目的的,除非有下述理由:'即不论这些废弃物的产生于何处,由于处理起来十分困难,因此,必须区别对待'"。最高法院在做出上述认定后认为,这件案子是很容易解决的:

在本案所争论的这项新泽西州的法律,正好完全属于商业条款禁止州的法规进入的领域之列。从字面上看,它把保护本州剩余填埋空间一事置于州外的商业利益之上。确实,在以前的案例中,珍稀的自然资源本身就是进行贸易的商品。而在此案中,珍稀资源和贸易商品却是两码事。但这种区别没有多大关系。在这两种情况下,州都会基于保护主义的观点考虑,公然要放慢或冻结贸易的进行,如果州在某种情况下，将某商品的贸易限制在州内，而在另一种情况下，又将其限制在州外，这倒无关紧要。更严重的是，在本案中一个州希望通过对州际贸易活动设置障碍，而使自己不受那些很多州都面临的共同话题的缠绕。

最高法院承认：商业条款并没有考虑要禁止各州制定的检疫法律规范的实施，即使这些法律是直接针对州外贸易的也是如此。最高法院还据“哪些物品是‘只要一转移’就会带来传染病或其他危害的风险的”认定，将这些案件所涉及的检疫法加以区分，以决定它们各自的性质。最高法院认为：“这些法律并不是歧视州际贸易的，它们只是为了防止有害物品的移动，而不论这些物品产自何地。”根据这种非常有限的例外解释，那种字面上看来就把适用州内的条款和适用州外的条款加以区分的立法，实际上几乎肯定是被认为违宪的，至少将被认为缺乏公正。

正如结果所证明的那样，Philadelphia v. New Jersey 案只是法院阻扰州政府试图控制废物转移的一系列案件中的第一个案件。在 1992 年发生的两起案件中，最高法院推翻了新泽西州修订的另外两个法律规定。一个新修订将原来的直接禁止进口废物修订为强加废物进口税。在 Chemical Waste Management v. Hunt，504 U. S. 334(1992)案中，法院推翻了强加给从州外进口的废物以重税的做法。第二个修订的规定是将进口控制权以授权的形式下放给各地方。在 Fort Gratiot Sanitary Landfill，Inc. v. Michigan Department of Natural Resources，504 U. S. 353(1992)案中，最高法院推翻了州政府的另一个法案，该法案禁止在本州掩埋来自本州外的废弃物，除非国家掩埋计划授权它们这么做。

这一系列案件中的一个后续案件的情况比 Philadelphia v. New Jersey 案更加严重:州政府不仅要求禁止废物的进口,并且还试图禁止废物的出口。许多市政当局批准废物循环利用法案,以要求当地废物在收集后被送往指定的处理地点。这一要求的主要原因是保证废物的循环利用率,从而为最新型废物处理设施提供资金支持。在 C&A Carbone, Inc. v. Town of Clarkstown, 511 U. S. 383 (1994)案中,最高法院有五位法官认为上述循环利用的控制显然存在着歧视并且参照 Philadelphia v. New Jersey 判例推翻了这一法案。最高法院的多数观点认为存在多种进行循环控制的方法,其中就包括通过征收财产税来补贴当地废物处理设施,而不一定要通过禁止废物出口的形式。O'Connor 法官同意该案的结果,但是她不赞成多数观点的解释。她认为,州政府颁布的法案不具有歧视性,但是在下文将讨论平衡检验法下,该法案由于赋予了商业过多的负担而应当归于无效。同样是运用平衡检验法,Souter 法官和其他两个持异议的法官支持各州的法案。他认为,除了循环控制,没有什么措施是有用的,并且应该赋予地方向其居民收取由于循环控制而引起的不断增加的费用的权力。(在后面的论述中,我们可以发现最高法院给地方收取循环控制费用方面提供了一个漏洞。)正如 Carbone 案所指出的,"歧视"的构成实际上没有一定的标准,因观察者的不同而不断发生变化,当最高法院占多数的五位法官认为该法案存在歧视时,其他四个法官却一点也没有找到该法案歧视的影子。

2.2.2 州行使专有权的行为

第二类的州立法包括州行使专有权或准专有权行为。

这里，第一个案例是 Hughes v. Alexandria Scrape Corp.，426 U.S. 794(1976)案。这个案例涉及马里兰州的收集报废汽车的补助制度。1974 年以前，收集废品领取补助不需要任何特许证。在 1974 年以后，马里兰州州内废品收集者只需提交免罚协定，在协定里废品的提供者要证明他们与废品之间的关系。可是州外的收集者却要提交特许证及警察发给的证书。这个立法受到弗吉尼亚州收集者的反对。最高法院认为这个法令有效，因为这个州并非在行使管理的职能，而是使自己进入了市场以抬高价格。正如 Stevens 法官所指出的，除了该州的补助体制，本案涉及的州际商务问题本不会存在。按照商业条款规定，不能创建这种州际商业这一事实是无可非议的，外州废品处理商没有理由为被排除在这一商业形式以外而抱怨。Brennan 法官持有强烈的异议。由于 Hughes 案与 League of Cities 案正好在同一天，Brennan 法官担心法院以州主权的名义，造成一个商业条款方面的大漏洞。

在后来的决议中，法院又扩展了这一依据，认为南达科他州可以在水泥短缺时，拒绝把一个州属工厂的水泥卖给州外的买主。参见 Reeves, Inc. v. Stake, 447 U.S. 429 (1980)案。这个决议似乎是对州所有准专有权行为并不受商业条款限制的认可。然而，正如法院在 Hughes v. Oklahoma, 441 U.S. 322(1979)案中认为的，各州关于野生动物理论，并不能为排除外州商业提供足够的法律上的依据。

值得注意的是，专有权只有在政府作为买卖双方且遭到歧视时才能使用。和一个私主体一样，政府也有权力选择买卖的对象。而市场的参加者反对仅仅只有政府才能拒绝外州企业参与本州的市场交易。

要求消费者使用公共服务而不是私人服务的规则并没有进入专有权的例外中去。尽管如此，调整政府公共服务的法律并没有得到与调整私主体法律规范同样的对待。在United Haulers Ass'n，Inc. v. Oneida－Herkimer Solid Waste Management Authority，550 U. S. 330(2007)案中，最高法院审查了其他的循环利用规范。与Carbone案相比，United Haulers案中法规要求将废物运往州立的公共机构去进行循环利用，而前者要求将废物运往私立的循环利用处理机构。像在Carbone案中的一样，该法案强迫运输者与本州内的循环利用设施往来。尽管如此，法院认为，相较于将循环利用交给私主体的设施，将循环利用交给公共所有的设施处理无疑会减少歧视的因素。法院使用了下文将讨论的平衡检验法来代替反歧视规则，并且发现其容易满足条件。值得注意的是，如果适用专有权的例外，甚至连平衡检验法都不需要适用。

2.2.3 平衡检验法

大多数州立法既非专有性的，也不是歧视性的，所以应归为第三类。这种立法在表面上不像歧视性立法那样可疑。然而，真正的危险在于，州可能未经充分考虑一项立法在国内其他地方的影响就通过。另外还有一种危险是，某一州可能利用表面上显得不具歧视性的立法，作为一种为州外商业增加负担的隐秘手段。为防止这些危险，最高法院要求非歧视性州立法接受一种平衡检验。利用这种检验，把某项法令对州际商业的影响与该州制定此项法令的正当理由进行平衡。

第七巡回法庭对Procter & Gamble Co. v. Chicago，

509 F. 2d 69(7th Cir. 1975)案的决议是对平衡检验法的一个很好的说明。该案涉及芝加哥一项禁止使用含有磷酸脂的洗涤剂的法规。第七巡回法庭发现,这项法规的确为州际商业增加了负担。由于工业生产中往往会有库存现象,所以这项芝加哥法令将使得在包括威斯康星部分地区、印第安纳以及密歇根在内的广大地区禁止销售含有磷酸脂的洗涤剂。然而,法院还发现该法令可能对控制伊利诺伊河和密歇根湖中的藻类生长贡献巨大,而这种贡献足以抵消为商业增加的负担,因而该法规有足够理由成立。

许多平衡检验法由于不能预测其实施后果而名声不佳,这里提到的这一种也不例外。但是,总的说来,在涉及商业条款的诉讼中,环境法还是进展得相当顺利的。例如,在最近的一个案例中,最高法院认为,明尼苏达州的集装箱法给贸易造成的困难并不是"明显过分的",尽管明尼苏达州高级法院已经认为该法律给被告所假设的利益是虚幻的。具体案情见 Minnesota v. Clover Leaf Creamery Co., 449 U. S. 456(1981)案。

United Haulers 案显示了这一检验方法的复杂性。该案所涉及的法案的目的与 Carbone 案所涉及的法案相近,但是两案的结果却是截然不同的。在 United Haulers 案中,法案要求当地所有的运输者将废物运送到公共的处理场所去。法院认为,相较于 Carbone 案,这一差别(在 Carbone 案中,这些处理废物的场所是私主体所拥有的)是影响案件判决的关键性因素。法院认为,"处理废物在多年间一直是政府的传统义务,法案赞同政府在这一领域的作用而不是每个私主体,至于是否需要有州内和州外的区分,需要精确考虑个案中是否会存在对在商业条款下的州际贸易

的影响”。在平衡检验法之下,法院支持了该法案。法院对做出较大差异的判决的解释如下:

在商业条款的约束下,对公共主体和私主体采取不同的态度会导致法院受到空前的和没有休止的干扰。商业条款没有授权联邦法院去决定哪些行为是州和地方政府的专属行为,哪些行为需要各州的私主体去加以市场竞争……民众可以将所有的事情交给私主体去办理,他们所适用的任何法规都不会对州际贸易产生影响。但是他们同样可以将这些废物交给政府去处理,并通过批准循环利用法案以支持政府的工作。

本案中的法案与 Carbone 案中被推翻的法案并不相似,除了州政府对废物处理设施的权力规定。

平衡检验法的应用已经受到 Scalia 法官、一些下级法院的法官以及一些学者的攻击。这些批评者集中了几个主要的论点指责运用平衡检验法评价非歧视性立法。他们驳斥说,如果某一州的法令并不歧视州际商业,联邦法院就无须再对州立法机构关于该法令的成本与利润的平衡妄加猜测。再说,糟糕的非歧视性法令会受到内在的政治牵连。因为受到严重影响的地方企业可以通过游说来要求撤销该法令,因此,这些法律可以通过政治程序加以解决。同时,这一做法会令人不快地想起早期法院经常过分地干预他们认为不明智的法令,这种做法早已在其他情形中被废止。尽管这些反对平衡检验法的论点具有强大的说服力,但至今他们未能真正触动最高法院。但在另一方面,也许是对这些驳斥观点的回应,大多数的法官在运用平衡检验法时都十分谨慎,且强烈地倾向于支持各州的环境政策。

2.3 联邦优先权

上一节讨论的是在没有相关的联邦法规的情况下，州法规的效力问题。在这一节里，我们将讨论在国会已为此颁布了相关法律的情况下，州法律的效力问题。当然，很清楚，在二者直接冲突的情况下，州的立法必须服从国会的立法。宪法最高权力条款规定：

本宪法和依照本宪法所制定的合众国法律以及以合众国权力所缔结或将缔结的条约，均为全国的最高法律。即使与任何州的宪法或法律有抵触，各州法官均应遵守。

有时，法律规范中就包含着优先条款，但是，优先权也有可能在没有条款的情况下存在。

最高法院已陈述了在优先权的诉讼中应当加以考虑的各种因素。第一，联邦在某一问题上的立法计划可能范围太广泛、太具体了，以致于可以理解为它没有给州留下任何补充的领域，即在这些领域中联邦的利益太重要了，以致于要排除州法的实施。国会规定的立法计划的另一些方面也可能支持这样一种推论，即国会在某一特定的领域已完全杜绝了州法的存在。这往往被称作为优先权领域。

第二，一项州的立法，如果和有效的联邦法发生实际的冲突，那么该州法便是无效的。在不可能既遵守联邦法，又不违反州法的情况下，就会出现这样的冲突。或更常见的是在州法妨碍了国会全部目标的实现时，出现这一冲突。

很明显，这些因素是相当含糊的，运用起来也比较困难。最高法院在建立一个比较严谨的结构以对这些因素加以分析方面，几乎没有做什么工作。因此，对这个问题能够取得比较深刻理解的唯一办法就是研究具体案件，以便了解在什么样的情况下，运用优先权原则是最合适的。

现在，全国争论得最激烈的优先权问题是对核能管理问题。在 1971 年的 Northern States Power Co. v. Minnesota, 447 F.2d 1143 (8th Cir. 1971)案中，法院判决，州无权将核废物排放规定的要求比原子能管理委员会所规定的要求更加严格。法院做出此判决的主要法律依据为《原子能法》中的下述规定："联邦政府可以将制定管理某些特定种类的核物质法规的权力委托各州行使。"法院认为，本案所涉及的核电站排放的放射性物质不属于该法所描述的那些特定种类的核物质。法院认为，只有列入这些种类的特定核物质，各州才有权制定有关法规。法院的结论是，州的法规将妨碍国会达到它在 1954 年《原子能法》中所明确宣布的目标，法院认为：

因此，国会已授权原子能委员会，通过为各核反应堆颁发许可证的管理办法，在工业发展和适当的健康与安全标准之间加以恰当的平衡。只有适用并强制执行由联邦机构所颁布的统一标准，才能保证达到这两个目标。假如允许各州对核电站排放的放射性废弃物的辐射强度规定更加严格的标准，那么可以想象，这些标准将会在健康和安全方面保护过了头，而对工业发展和核能发电造成不必要的阻碍。

与此恰好相反，联邦最高法院在对 Pacific Gas & Electric Co. v. State Energy Resources Conservation & Development Commission, 461 U. S. 190(1983)的判决中，支持了加利福利亚州暂时关闭该核电站的决定，该决定规定直到联邦政府批准一种永久的核废物处理办法才能启动核电站的运行。最高法院认为，此项州立法的目的不在于防止放射物危害，而在于防止由于联邦政府未能批准一种核废物的永久性处置办法而引起各种经济问题。法院认为，国会并未打算不惜一切代价来发展核电站，相反，它倒决定把建设核电站的必要性或建设核电站的经济获益留给各州去考虑，由它们通过行使对公用事业的管理权来做出选择。这就表明，如果州以关于公用事业的立法形式来颁布某法，那么，它就可以通过迂回达到联邦法律不允许它达到的目的，这就是，就核反应堆的安全而言，它可据不同情况对此强加自己的观点。只要各州能合理地争辩说，在核能利用的经济可行性的背后潜伏着一种安全风险，那么，很显然，最高法院就会允许该州去对此加以管理。

在 PG&E 案之后的一年，法院再次显示了对处理核工业的州法律的宽容态度。在 Silkwood v. Kerr－McGee Corp.，464 U.S. 238 (1984)案中，法院判决一项公用事业向一名受辐射损害的雇员支付一笔惩罚性的赔偿金。正如持有异议者所指出的，陪审团被告知即使被告遵守了所有联邦规章，它照样可以责罚被告支付赔偿金，这样，在被告处理核废料方面，州坚持的标准就比联邦政府的标准更高。此案与 PG&E 案一起清楚地表明，自从法院在 1972 年对 Northern States Power 一案维持原判之后，联邦法在原子能领域的优先权日益下降。

在某种意义上说，每件涉及优先权的案件都是独特的。除了一些含糊的和笼统的原则之外，在这个领域，很难说有什么法则可用来帮助人们对某个特定的案件做出判断。法院所面临的问题是，当国会已颁布了一个特定的制定法后，它是否或愿意允许州在同一领域制定某些种类的条例和规章。这个问题，从根本上说是一个法律的结构问题。它只能通过对联邦所颁布的制定法中的用语、该制定法的立法背景以及它的目的详加分析才能得以解决。因此，分析优先权问题所能提出的最好建议是，仔细地分析各种立法资料和州的制定法将对联邦的制定法的实施产生什么实际的影响及影响的程度。

即使联邦法律本身并没有优先权，但联邦行政机构贯彻法律时可能颁布一个优先法令。法院不愿意仅仅由于联邦法规的内容全面就从中推论出其存在优先权。州法律在没有与联邦法规发生直接冲突时，还是有效的。这种不愿意使用优先权的做法是有意义的，因为联邦机构能随时颁布明确的优先权法令。（从另一方面看，国会必须克服相当多的惰性，才能对干扰联邦法令的州法律做出反应。）因此，法院没有理由在联邦法规涉及纠纷时，随意地使用优先权原则。

在这一章节中，我们已经看到，在环境法领域中，联邦的管理权力实际上是完整的。只有在国会试图直接规范各州政府的活动或者是在约束州政府所关心的传统的非商业活动且没有明显地影响到州际合作时，这种权力才会受到挑战。除此之外，大部分的联邦规范都不在此范围之列且具有合宪性。当联邦政府开始行动后，任何妨碍达到国会所定目的的州立法和任何妨碍各管理计划的实施的州立法，均将根据最高权力条款被宣布为违宪。即使在国会未采取行动时，一个州法有可能因在州际贸易自由的洪流中与占主导地位的联邦利益相冲突而被认为违宪。因此，当今的联邦制，对联邦政府几乎没有规定什么限制，同时，它却继续对州政府的行动加以严格的限制。

第3章 污染控制

加勒特·哈丁在他的著名文章《公地的悲剧》一文中提出了一个对所有人都开放的公用牧场所面临的问题。即甚至在牛的总头数已开始超过草地的承受能力时，每个牧民还是感觉到，继续增加他所拥有的牲畜的头数，对他个人来说，是可以得到纯利的。增加一头或者更多的牲畜的边际效益似乎总是正值，因为销售该牲畜所带来的其他效益都归于他自己所有，而过牧的大部分代价却由其他牧民承担了。由于所有的牧民都这样做，所以，公用牧场上的这种个人自由就给他们全体带来了灾难。

类似的，社会之所以不能在经济产值和环境质量之间建立适当平衡的经济关系的原因在于，许多污染费用并不是由污染者承担的，而是由他人承担。这样做的结果，就使得，"外部化"了的费用就没有反映在造成该污染者的生产成本之中。因为缺乏能促使人们减少每生产一单位商品所排放的污染物总量有效的经济刺激办法，人们为此投入的人力、物力也是很有限的。只要污染的代价不是由污染者承担或者由他们的产品消费者承担的现象存在，社会经济活动所产生的总福利中的某些部分就会在再分配的过程中从污染受害人手中被转移到社会的其他一些集团手中。如果说得严重一点，到了污染的总代价超过了生产商和他们的消费者所获得的利益的总和时，该生产活动便属“无效”劳动，也就是说，社会的总财富(不考虑它的分配情况)并没有因为该生产活动而得以增加。

产生“外在的”利益的经济活动的一个范例就是危房改造，改造为附近的土地拥有者提高了土地的美学价值和财产价值。这些利益正如外在的成本一样，通常不会在生产商的损益计算中体现出来。与外在利益这一概念密切相关的是有关集体或公有物的概念，这些公有物往往由许多人共同享有，而不可能供给某一个人享用，如国防以及清洁空气。这些商品的消费是集体性的，对这些商品的个人享受并不缩减他人的享有。这些集体性商品的非排斥性特点，可能在市场体系中造成生产不足，尽管这些商品对消费者总价值可能远远超出生产成本。

正如科斯教授所指出的，在理论上，这些问题可以被自由市场所克服。如果不存在交易障碍，如知识不够完备，依据不充分或者谈判费用太高等，个人间可以有效地进行交涉以生产公共商品，或禁止生产引起污染等具有外在成本的商品。实际上，科斯指出，如果不存在障碍，个人可以不顾法律规则就公共商品和外部性问题谈判出最佳的处理方案。这一见解目前已成为了著名的“科斯定理”，对“法律与经济”领域的学术研究产生了重大的影响。尽管科斯把污染作为一个例子，但他也承认由于受害者的人数众多，不可能以协商式的途径去加以解决。

然而，利用市场交易的方式来控制环境污染的观点已被实践证实。在本章的后面，我们将对利用市场机制来防止环境污染的方式进行检验。科斯定理也有助于分析涉及少量个人的案例，如一些侵权案件。然而，科斯定理也不排除政府干预在污染防治方面的重要作用。

由于自由的市场经济体制不能提供足够的刺激，那么，就必须由政府对此加以干预，以限制外部费用和鼓励有外部效益的产品和集体用品的生产。目前所采用的一些基本的处理方法包括如下几种：

责任　普通法中的"侵权学说"为受损的土地所有者提供了损害赔偿和发布禁令的补救办法。然而，诉讼对于解决涉及面极广泛的环境问题（这些问题可能涉及高科技领域或者是平衡难以解决的冲突利益）也不是完全有效的。通常情况下，政府会求助下列几种处理方法或者通过税收来直接提供公共用品。

直接管理　政府控制污染的主要手段是禁止超标排放。但是，当这种强制方法不是采用发布禁令或者判处徒刑的方法，而是采用强加各种经济制裁的方法时，这种直接管理的方法和下面要讨论的排污费之间的关系就变得很难加以界定了。

补助　政府经常采用的并常常与直接管理结合在一起使用的另一种方法是，对于能够避免产生外部费用或者能够生产公共用品的私人活动，由政府支付其生产成本的全部或一部分。例如，税收刺激，对防污染设施的安装给予特别的减、免税收照顾或者是发放贷款。由联邦拨款给各都市，用以建造各种废弃物处理设施。

收费　可以替代前面所述的几种方法或者弥补前面所述的几种方式不足的方法，政府可以要求那些产生了负外部性或者未能提供公共用品的私人活动的主体缴纳罚款或者缴纳费用。收费额应据避免产生该不良结果而所需的费用（对生产者而言）或避免产生该不良结果将得到的获益

(对公众而言)而定。这样,就可以对该生产者产生一种类似刺激市场的方法以迫使它改变他们的各种活动。

在下面的几节中,我们将讨论通过适用普通法中的侵权法,《清洁空气法》和《清洁水法》,以及创建经济刺激来控制污染的各种方法与问题。而且,我们将特别强调,在依法管理的过程中,对技术和经济可行性的考虑。

3.1 普通法的各种救济办法

Boomer v. Atlantic Cement Co., 257 N. E. 2d 870 (N. Y. 1970)案是一个典型的环境侵权的案例。被告经营一个大的水泥厂,工厂在生产过程中所排放的粉尘、烟和所产生的震动使邻近的土地所有者的财产遭受了损失。邻居们对此提起了停止侵害和损害赔偿之诉,要求法院发布一个禁止该污染活动继续进行的禁令以及责令被告赔偿原告所受的损失,法院经调查发现原告所受损失的总和,与被告所拥有的工厂的价值相比是相当小的,并且,如果禁止该污染活动继续的话,实际上将迫使这家工厂关闭。而这家工厂是当地的经济命脉且已采用了当时的最佳防污技术。

在这种情况下,大多数州的法院都会采用一种"权衡公平"的办法处理,且以下述理由拒绝发布一个禁令。该理由是,如果颁发禁令的话,被告所面临的困难要比不颁发禁令而给予赔偿后的原告所面临的困难要大得多。然而,在纽约州,法院在一系列的判决中认为,只要已认定存在着侵权,且原告已举证证明受到了具体的损失,那么,法院就应当发布一个禁令而不应考虑发布禁令后对经济所产生的影响与该侵害对经济所产生的影响相比的结果如何。

在 Boomer 案中,这种规则最终还是被否定了。法院的确也曾考虑发布一个禁令,但将该禁令的生效日期延迟至某一特定的日期,以使被告有机会去开发新的技术以消除该侵害。然而这种想法后来还是被否定了。因为法院无法确定被告取得该先进技术的能力如何?而且,实事求是地说,开发这种先进技术不是一家公司的责任而是整个水泥行业的责任。

纽约州法院在判决中偏离了这样的一个原则:要求被告赔偿过去所造成的损害并允许原告以后随时可以为新受的损害提出赔偿要求。相反,该法院发布了下述命令:除非被告向原告支付了永久性的赔偿金,即向原告赔偿了由于经营活动而使原告现在和将来会受到的财产损失,否则,法院将发布禁令。一位对此持有异议的法官说,就这个判决的作用而言,它是在对该水泥厂说:“由于你已支付了赔偿费,因此,你可以继续害你的邻居,可以继续你的错误做法。”该法官还认为,把国家征用私有财产的权力,即为公共目的而征用私有财产的权力赋予某个私营公司的结果,将会使该公司为了私益而不是为了公益而行使这种权力。

法院所采用的平衡各种利害关系和拒绝发布禁令的做法并不是使得侵权法不能有效地控制大范围污染的唯一原因。另外的一个原因是受害人不具有诉讼资格而不能提起诉讼。普通法将侵权行为分为私害行为和公害行为两种。所谓的公害是指对一大群人造成损害的行为。只有总检察长或者地方检察官才有权为消除公害而提起诉讼;而在私害中,个人只要能出示他受到了特别的损害的证据,便可以提起诉讼。目前,有的州已经授予了个人提起公益侵害之诉的权利,但是在绝大多数的州里,缺乏诉讼资格都是一个重要的问题。原告所面临的另一个问题是举证责任。通常情况下，污染是由多种因素所共同影响而发生的，这些因素中的任何一个都难以独自导致污染情况的发生。要证明其中某一个特定的污染者应当对这种大气污染和水污染承担责任是做不到的。最后，侵权法根本不可能为控制向周围大气和水体中排放污染物提供了一套系统的控制办法。所以，恰如在大多数地区只得用土地利用规划和区划办法来弥补普通法的不足一样，通过立法干预来弥补污染控制方面的不足也是一种重要的途径。

尽管如此，在某些情况下，侵权法仍然发挥着较大的作用。在 Spur Industries, Inc. v. Del E. Webb Development Co. , 494P. 2d 700 (Ariz. 1972)案中，自 1957 年始，戴尔·韦伯开发公司就开始在菲尼克斯镇的西面建造一个名为“太阳城”的退休居民社区。到了 1967 年，这个太阳城已发展到了紧靠斯普尔工业公司的一个饲料加工厂的地方。该工厂在韦伯公司建造“太阳城”之前就已经经营好多年了，韦伯公司指控斯普尔公司的饲料厂在加工饲料的过程中，由于排放了恶臭气体及孳生苍蝇，且这些恶臭气体和苍蝇等又进入了“太阳城”，从而对他造成了侵害。一些居民不再能享受韦伯公司曾广为宣传的户外生活，因此，韦伯公司遭受了预期买主抵制销售的问题。法院声称，如果受害方仅仅是韦伯公司一家单位，那么，对于此案将适用“自身导致受侵害”的原则，不予以救济。但是，法院同时认为，鉴于在“太阳城”购买了住房的居民们受到的损害，因而，韦伯公司有权获得一个禁止该饲料厂继续生产的禁令。然而，法院又认为，韦伯公司也应对斯普尔公司承担责任。因为，斯普尔公司已举证证明，是韦伯公司本身导致了此种损害的发生。因此，法院要求，作为获得上述禁令的条件，韦伯公司应负担斯普尔公司饲料厂为停止对居民的侵权而搬迁或关闭所需的费用的合理份额。

在跨州的大气污染和水污染案件处理中，联邦的普通法中的侵权法已得到了广泛的运用。因此，在 Georgia v. Tennessee Copper Co.，206U.S. 230(1907)案中因为田纳西铜公司排放的大量有毒气体，使佐治亚州大片的森林、果园和农作物毁灭，因而，法院应佐治亚州的要求，向田纳西铜公司发布了一个禁令。然而，在 Milwaukee v. Illinois，451 U.S. 304(1981)(Milwaukee II)案中，联邦最高法院认为，据联邦《清洁水法》规定而建立的综合性的管理系统，应当完全优先于联邦普通法。如果真是这样的话，可以预料，《清洁空气法》最终有可能取代适用于州际的大气污染的联邦普通法。

同时，Milwaukee II 案提出了一个严肃的问题。《清洁水法》明确的规定，它并不比更为严格的州立法享有优先实施权。最高法院最近明确表示，只要排污者所在的州实施了本州的侵权法，联邦法院就可受理因州法律而提起的侵权诉讼。具体内容可见 International Paper Co. v. Ouellette，479 U.S. 481(1987)案。法院想给排污者所在州独有的授权被后来的行政管理所暗中抵消了，即联邦环保局目前要求对水质要求较高的州采用要求较低的州的标准。这一要求在 Arkansas v. Oklahoma，503 U.S. 91(1992)案中被法院所认可。因此，在 Milwaukee II 案中所出现的最初理性现在似乎都已消失。

3.2 《清洁空气法》下的污染控制

从各种污染源排入大气中的污染物主要有五种（除了这五种，温室气体的排放现在也是联邦法律规范的对象）。(1)一氧化碳，是由于燃料中的碳没有完全燃烧而产生的一种无色、无味、略轻于空气的有毒气体，主要的排放源是内燃机和机动车辆。(2)颗粒物，是直径较大的固态或者液态物质颗粒，主要是由各种固定的燃烧装置和工业生产过程所排放。控制颗粒物排放的技术包括安装过滤器、水洗、离心除尘和静电除尘。这些办法对大部分颗粒物是有效的，但是，要完全消除颗粒物的排放，尤其是直径极微小的颗粒物的排放，在技术上和经济上都存在困难。(3)硫氧化物是由于燃烧含硫的燃料而排放的一种辛辣的、有腐蚀性的有毒气体。发电厂和其他工厂是主要排放源。(4)氮氧化物，是燃料在极高温燃烧下产生的一种气体，主要排放源是含固定的燃烧装置的工厂和交通工具。二氧化硫和氮氧化物在排入大气中后，遇氧发生化学反应生成硫酸盐和硝酸盐，然后，又随雨、雪重返地面。这就是所谓的酸性降水。(5)碳氢化合物和一氧化碳一样，是由于燃料的浪费和不完全燃烧而产生的。碳氢化合物和一氧化碳的不同点是当它在大气中的浓度处于正常状态时，气态的碳氢化合物是无毒的。它之所以被视作主要的大气污染物是由于它能在阳光的作用下与氮氢化合物发生化学反应，生成光化学氧化物或者光化学烟雾。光化学烟雾是一种包括臭氧（一种不稳定的、有毒的氧的存在形式）和二氧化氮的复杂混合物。它们可以刺激眼睛和肺部、危害植物、产生臭味以及形成浓雾。

大气污染的最严重的后果是危害人体健康。尤其是在老年人和患有呼吸道疾病和心脏病人群中,有时,会造成死亡率和发病率急速增加的严重事件。然而,对全球人类来说,大气污染所造成的最严重的影响是,由于长期暴露在持续低浓度的大气污染中,人类的健康将受到微妙的、长远的影响。大气污染可以增高某些慢性病,如肺气肿、支气管炎和其他一些呼吸道疾病的发病率,而且也和某些死亡率较高的疾病,如癌症和心脏冠状动脉硬化等的发病率的增加有关。居住在大气已被污染的城市里的吸烟者,肺癌发病率比居住在农村地区的吸烟者的肺癌发病率要高得多。

由于人们现在还不能找出将对各种人群的健康造成全面影响的大气污染的临界值和安全标准,所以,制定各种条例对此加以管理还是很困难的。例如,现在还没有科学的办法证明,在万分之一的大气污染中暴露 24 小时是安全的,而超过这一标准就是危险的。甚至,我们还无法确定,人们暴露在何种程度的大气污染中时,受害后果就会迅速变得严重。

3.2.1 《清洁空气法》[①]概述

自 1955 年开始,国会通过向各州提供技术援助和财政资助,帮助各州应对大气污染问题。19 世纪六十年代的各种修正案授权联邦机构加强大气污染的科学研究工作,对跨州的大气污染进行直接干预使其影响减小到最低限度,控制新的机动车辆的大气污染物的排放,行使对各州控制

① 美国《清洁空气法》于 1963 年颁布,随后经历过 1970 年、1977 年、1990 年三次修订。

大气污染的活动进行某些监督的权力。鉴于历时10年，各州在控制大气污染方面未取得什么进展，于是，国会于1970年通过了《清洁空气法》修正案。美国联邦环保局也于1970年宣告成立。美国联邦环保局是通过尼克松总统颁布的行政命令，由原来分散在联邦各部的有关单位合并而成的。

1970年的修正案大幅度地提高了联邦的权威。例如，修正案的第111条对"新的固定空气污染源"（由于设备改装而产生"变化"或者由于运行方法的改变提高了污染物的排放量）规定了统一的国家标准。同样，在第112条，针对那些有可能导致增加死亡率和严重疾病的危险空气污染物，规定了全国统一的排放标准。不过，第107条第1款还规定，各州"将具有首要责任，确保本州全部地理区域内的空气质量"。同时，在各州是否愿意履行这种义务上，各州已没有了选择的余地。这是第一次要求各州的空气质量在一段具体时间内达到具体标准。

《清洁空气法》第109条规定，联邦环保局长应为那些危害公众健康和福利的大气污染物，规定"国家大气环境质量标准"。环境保护局长已为每一种污染物规定了一级标准和二级标准。一级标准是"为保护公众健康所必要的并留有充分的安全余地的污染物标准"；二级标准是"为防止大气中的各种污染物对公众的福利，造成任何已知的或者可预见的有害后果所需达到的标准"。每个州必须在"国家大气环境质量标准"颁布后9个月内，向联邦环保局呈交一份在本州内执行和维持这个标准的计划（见《清洁空气法》第110条第1款第1项）。如果某州的执行计划在召开公共意见听证会后被采用，并且满足在该法第110条第1款第 2 项中所规定的各种限制性条件，那么，环境保护局局长就应批准该州的计划。各州的执行计划得以批准的最重要的条件是：该执行计划规定了达到“国家大气环境质量标准”一级标准的方案是又快又切实可行的，从批准之日起不能晚于 3 年；二级标准也必须在“合理的期限”内达到。在州的执行计划中，必须包括排污标准、执行这类标准的进程表以及达到这些标准的时间表。同时，应确保有关州机构拥有为强制执行该州计划所必要的权力和资金。

正如其他的环境法律规范中设立的最低要求一样，1970 年的修正案所设立的最低标准在很多领域都没有实现。1977 年的《清洁空气法》的修正案中加入了调整上述没有实现目标的领域的特别法案，并制定了到 1990 年的最低目标。这些没有实现目标的领域的污染物总量超出了国家大气环境质量标准，所以 1977 年《清洁空气法》的修正案第 172 条要求各州的执行计划必须要使用现有的“合理的且有价值的控制技术”。如果联邦环保局决定每个州的标准可以不满足国家大气环境质量标准的一类标准或者没有在合理的期限内达到国家大气环境质量标准的二类标准，1977 年的《清洁空气法》的修正案第 110 条就要求联邦执行计划在两年内达到目标标准。实践中，实施这些计划的情况是不容乐观的，甚至在一些领域颁布这些计划都会受到极大的阻碍。

州计划一旦得到联邦环保局的批准，按照第 113 条的规定，就不仅成为了州法律，而且具有联邦法律的效力。如果环保局发现某个制定中的州计划，在全州范围内或者州内任意一个区域内不能达到全国环境质量标准的任何一项。对此，如果州没有做出适当的修正，第 110 条第 3 款第

1 项就要求联邦环保局发布对该州具有约束力的修正案。

联邦环保局已经制订了国家大气环境质量标准，具体制订了诸如一氧化碳、颗粒、二氧化碳、碳氢化合物、臭氧和铅的含量标准。起初，因为所有违反标准进行的排放必须在 1975 年全部取缔，所以国家大气环境质量标准是环保局控制污染的驱动力。然而，这个结果在 1975 年并没有发生，法案被修改延长最后期限，所以这就减少了质量标准的"绝对性"。在 1982 年，联邦环保局废除了碳氢化合物的标准，理由是没有必要，但是全国环境空气质量委员会制定的其他标准继续在空气污染政策中发挥着重要的作用。有时，联邦环保局批准了州实施计划中的条文。这些条文由于经济或政治方面的原因，不可能都被执行，例如，按照环境保护局的一项规定，1975 年洛杉矶的机动车辆就可能会减少 70%～80%。经过对法案做各种各样的修正，各州政府、各个企业及联邦环保局针对排放限制与遵守计划问题通过谈判达成协议。1990 年，国会通过了几项主要的旨在加速达到标准的修正案，并处理其他一些诸如酸雨及有毒污染物的主要问题。

如前所述，关于现存的固定污染源以及使用中的汽车，1970 年《清洁空气法》中的基本观点是，联邦环保局应建立统一的国家大气环境质量标准，各州必须采用在法定期限之前能达到国家大气环境质量标准的排放标准。然而，关于新汽车、新的固定污染源，以及有害空气污染物排放，只要求联邦环保局建立全国统一的排放标准。

对于新的机动车辆，要求在 1970 年排放水平上，到 1975 年再降低 90%，然而，这一法案后来又被修正，把期限延长到 1983 年(氮氧化合物排放量的期限延长至 1985

年)。《清洁空气法》的1990年修正案提高了机动车辆的排放标准。到1998年,碳氢化合物的排放量必须在原来的标准上再下降30%,同时氮氧化物的排放量再下降60%。这一标准将在1994—1998年期间分阶段进行。减排的第二个阶段是到2003年,在原有的基础上再减少50%的排量。各州可以在上述减排方式和加利福尼亚州所采用的更加严格的标准中随意选择。

1970年的法案也涉及了新固定污染源的问题。针对固定污染源的新污染源运行标准要求运用最好的控制技术,并把控制后的成本考虑在内,同时规定了工厂进出的每套装置可以排放多少磅污染物,并允许针对每个污染物决定使用哪种技术措施以及哪种燃料改进的方式。

1977年修正案第111条规定环境保护局要采用新方法解决新污染源运行标准的三类污染物问题。三类污染物都来自矿物燃料,即二氧化硫、二氧化氮和颗粒物。该修正案要求污染物的排放降到特定的百分比,这个百分比要低于没有技术控制措施时的百分比——改变燃料的成分以减少排放量还不够充分。

1990年的修正案针对这一问题采取了新方法。在"百分比降低"的条款中,修正案采用了一个复杂的体系为控制二氧化硫的排放规定了限额(这种限额将在本章有关酸雨的材料中加以讨论)。该修正案规定使用净化器的工厂将被允许延期遵守新的酸雨规定,直至1997年。该修正案同时规定了可分配给那些工厂排放的附加限额。为了缓和规定的冲击,修正案拨款2.5亿美元给被解雇的工人,作为执行《清洁空气法》的"过渡援助"。

关于有害的空气污染物排放问题,第112条原来要求环保局建立的排放标准需达到“保护公众健康安全的充分保证”的标准。1990 年修正案在第 112 条又增加了新的要求，这将在第五章讨论。

对那些大气污染物的浓度远低于国家大气环境质量标准的地理区域，1977 年的修正案维护了国会防止显著恶化原则的承诺。全国符合环境空气质量标准的各个区域，都被划分为三类。大型国家公园和荒野地带属于第一类区域，在这一区域内，不允许有一点空气质量恶化的现象；所有其他地区属于第二类，在这一类地区，大气污染物允许有少量的增高，但不能超过国家大气环境质量标准，州长可以把他所管辖的属于第二类区域重新划分为第一类区域，或者划分为第三类区域；在第三类区域，为了发展工业允许大气污染物浓度有较大幅度增高。但是上述的设计方案在实践中很少能得以运用。在任何“防止显著恶化”的区域，要想建立一个带有污染的“大型”工程，所有权人必须申请批准。（1990 年的修正案已把申请范围扩大到所有大型的工程和所有新工厂。）申请人必须证明他的污染排放将不会导致达到允许的大气污染物浓度最高值，他还必须同意运用“最有效控制技术”控制所有污染物，而不论这对于避免超出限定的浓度有无必要。

下一部分将集中讨论的或许是实施《清洁空气法》中无论是从经济或政治的角度来讲都是最重要的因素，即在建立和实行对污染物排放限制的时候，首先要考虑的是可行性范围。《清洁空气法》区分的不同种类的污染源和污染物将在下面讨论。

3.2.2 经济和技术的可行性分析

联邦环保局在制定国家大气环境质量标准时，不必考虑达到此标准的可能性。根据《清洁空气法》第109条的规定,国家大气环境质量标准应当建立在为保护公众健康(并留有一个充分的安全余地)和公共福利所必要的基础上。如果环境保护局能够证明,其所规定的国家大气环境质量标准中的一级标准是建立在其认为保护众多的人民健康(包括人口中最敏感的那部分人,如老年人和患有呼吸道疾病的人)所必要的基础上,那么,这个标准就不会被法院所否定。具体内容可参见 Lead Industries Association, Inc. v. EPA, 647 F. 2d 1130(D. C. Cir. 1980)案。

通常情况下,空气污染不会存在明显的表现。因此,一般也不存在一个明确设定的排放限额——超出这个限额就存在损害的风险,低于这个限额就能减少一些损害。也就是说,不管给定何种限额,都可能会存在一定的风险。成本收益的分析或者是实行的可行性分析都可能会确定这一限额,但是《清洁空气法》却没有对这些分析加以考虑。因此,联邦环保局就肩负起了制定国家大气环境质量标准的重任。在 Whitman v. American Trucking Ass'ns, Inc., 531 U. S. 457(2001)案中,下级法院认为联邦环保局的行动自由过宽,涉及了违反宪法赋予它的立法权限。但是最高法院却不这么认为,同时也否认了用成本收益的方法来制定国家大气环境质量标准的观点。最高法院解释道,《清洁空气法》要求这一标准成为保护公众健康的"必需品",这个"必需品"可以被解释为"足够的而不是仅仅为必要的"。因此,最高法院赋予了联邦环保局在保护公众健康方面广泛的行动自由。

尽管,联邦环保局在制定国家大气环境质量标准时不需要考虑标准的可行性,但是认为《清洁空气法》的所有条文中都没有对可行性加以考虑的观点是错误的。在环保局为许多种类的污染源和污染物规定排放标准以及达到此标准的进程表时，则有时会被要求考虑一下达到该标准的各种经济上的和技术上的困难。

1. 新的机动车辆

1970 年的《清洁空气法》第 202 条第 2 款规定自 1975 年型的汽车开始，轻型车的碳氢化合物和一氧化碳的排放量必须降至 1970 年型车所允许排放量的 90%。正如 Leventhal 法官在 International Harvester Co. v. Ruckelshaus，478 F. 2d 615 (D. C. Cir. 1973)案所指出的，国会意识到这些标准是“一剂烈性药”，其目的在于迫使污染者采用最佳的工艺，因为考虑到汽车制造商们能否真的达到此要求，国会同时向他们开启了一扇实际上能逃避此规定的“安全门”，即汽车制造商们可以向联邦环保局提出要求延缓一年执行 1975 年型车标准的动议。当然，这一例外是有条件限制的，只有在申请人证明鉴于确实还没有发明各种有效的控制技术、生产工艺、操作方法或其他变通办法，或者由于未经过一个时期的实践，这些技术和工艺等还不是可用的情况下，联邦环保局才可以批准该暂缓计划执行的申请。在 1972 年，多数汽车公司向联邦环保局呈交了暂缓执行 1975 年型汽车排放标准的申请书。但是联邦环保局以下述理由统统地拒绝了这些申请：在联邦环保局所进行的调查中，尚不能得出这些技术手段不成熟或不可用的结论，因而，不满足其批准此种延缓执行申请书的条件。尽管在当时的实际试验中，没有一辆车达到了要求的标准，但是，联邦环保局还是通过提出一系列严格的设想，调整了汽车公司的试验数据，并预测说，到了生产 1975 年型的汽车时，达到该标准的技术将是可以实现的。

最高法院在 International Harvester 案审理中，同意了联邦环保局的论点，认为真正的问题在于，这种技术到生产 1975 年型的汽车时能否达到，而不是在这些制造商提出延缓执行的 1972 年里能否达到。但是，法院对于环境保护局所做的下述决定表示反对，即“到时将会有达到标准的技术，不需要再提供一年的延缓期”。最高法院的判决指出环保局所做的假设未经解释的设想，即在生产 1975 年型汽车时达到该标准的技术将是可实现的，是缺乏统计学上的可靠性的。

在这一观点的指引下，最高法院似乎忽视了法律条文中将技术上可行性的举证责任划归了企业而不是联邦环保局的规定。《清洁空气法》规定，如果企业在技术上的可行性上的举证是不充分的，环保局即获得胜利；企业的负担主要是对技术上的不可行性进行一个可靠的预测。《清洁空气法》的这一规定大概是因为国会比 Leventhal 法官更明确地感受到了对延缓申请加以否定的风险或者污染防控的压力。

在最高法院的判决之后，联邦环保局同意延长实现标准的期限，并实行比减少 90％的要求少得多的临时标准。由于发现及时，国会后来又对此期限进行了放宽。在《清洁空气法》第 209 条第 2 款的关于优先权的豁免条款的规定下，加利福尼亚州带头适用更加严格的标准——这在大多数涉及温室气体案件中都是具有争议的。

在缺乏对加利福尼亚州式的标准彻底的实践情况下，州的立法权威可能会遭受较大的损害。在 Engine Manufacturers Ass’n v. South Coast Air Quality Management

District，541 U. S. 246(2004)案中，管理洛杉矶区域空气污染的加利福尼亚州行政机构颁发了一项车辆管理规章，该规章要求当时的车辆的管理者，如清路机和出租车公司，购买已在加利福尼亚州上市的可替代能源汽车或者是低或零排量的汽车。《清洁空气法》不允许任何一个州或者政府部门批准一个以新的汽车或者汽车引擎来试验所取得的限制排放的标准。因为每个州都不会放弃自己的权力，加利福尼亚州也不会，所以这个案件适用于优先权条款。最高法院的Scalia法官认为，南加利福尼亚州的规章因其违背了《清洁空气法》的内在含义而无效：这个规章与汽车或者引擎的排放性能有关，并且制订了一个优先于联邦法规的排放标准。最高法院的立场在下列事实下仍然坚定，即汽车废气的排放是这一区域空气中有毒有害物质存在的主要推手。同时，州机构偏离主题的考虑了下列事实，即州行政机构制定的规章仅仅是要求在已上市的汽车中做一个特别的选择，而不是要求在污染控制上创设一个新的方式或制定一个新的标准。

尽管国会对当时的汽车污染物的减排确立了特殊的数字目标，但是《清洁空气法》仍然明确了很多种污染物存在例外情形。这些例外情形的规定曾经运用于固定污染源的减排标准。这些例外情形的规定在全球气候变化的背景下显得日益重要。

在Massachusetts v. EPA案(该案我们在第一章讨论诉讼资格的范围时已经加以了介绍)中，最高法院审查了联邦环保局的否决案，即拒绝审查汽车尾气中的二氧化碳在进入空气后是否会影响到人们的健康和福利。联邦环保局认为《清洁空气法》并没有将二氧化碳纳入污染物的范围之内。最高法院发现联邦环保局的观点与《清洁空气法》的简明表达不一致：

法定的条文规定排除了联邦环保局的观点。《清洁空气法》的“大气污染物”的全面规定包括“一切的大气污染物媒介和这些媒介的结合，包括物理的、化学的……物质或材料排入或以其他的方式进入周围的空气……”表面上看来，这一定义包括了降落在大气中的任何一种化合物，同时该法律规范中重复的使用“一切”这个词也表明污染物这个概念的底线。二氧化碳、甲烷、氧化亚氮和氢氯烃无疑是“物理的和化学的……被排放进入大气的物质……”该法律关于污染物的定义是没有歧义的。

最高法院在做出判决的过程中也发现了联邦环保局考虑了一些不被允许的极端例子，例如污染问题是否可以通过企业之间的自发的协作努力或国际间的谈判协商加以解决：

尽管我们没有经验也没有权力来对这些政策性的判断加以评价，但我们可以确定这些判断和温室气体排放是否会导致气候变化一点关系也没有。对于减排，这些政策性的判断仍然没能给出充分合理的科学解释。特别是，尽管总统在外交事务上被赋予了广泛的权力，但是也不得以这些权力来拒绝执行国内的法律。

最高法院将这一案件发回重审，以使环保局可以获得一个关于汽车尾气的结果是危险的调查报告，如果这一调查结果被认可，就可以进一步推动对尾气管排放污染物的管理。联邦环保局最近出台了一个调查结果为危险的调查报告，该份报告目前已被有关主体起诉。

2. 现有的固定污染源

《清洁空气法》确实不排除在某州制定并实施的执行计划中,规定了严于国家大气环境质量标准的大气质量标准(也就是说将该州的大气环境比国家大气环境质量标准强制要求达到的清洁度更高)。在 Union Electric Co. v. EPA, 427 U.S. 246 (1976)案中,一家电力公司要求联邦环保局不要批准在密苏里州的执行计划中规定的二氧化硫排放标准,理由是,该公司的一家位于密苏里州圣路易斯市的燃烧煤电厂,要达到这些标准,在经济上和技术上都是不可能的。该电力公司还争辩说,此等执行计划不属于《清洁空气法》第 110 条所述的"可行的"或"合理的"执行计划。然而,法院认为,国会的意图是环保局在考虑和批准某个州执行计划时,完全不必考虑经济和技术的可行性。

Union Electric 案的判决并不意味着人们提出的"不可行性"的争辩是毫无作用的。正如法院所指出的,负责制定州执行计划的最重要的机构是考虑人们提出的不可行性主张的机构,只要能达到国家大气环境质量标准和防止显著恶化原则,一般说来,州可以对现有的固定污染源选用综合型的控制技术(从 1977 年起,凡位于不达标地区的固定污染源均应当采用合理可行的污染控制技术),对在经济上和技术上确有特殊困难的固定污染源,在州执行计划中采用特殊的处理办法。此外,如果某一个行业确实不能达到州执行计划中所规定的排放标准,则该行业的每一个工厂可以成为法律规定的例外情形(一个变通方式),这种改变执行计划的法律依据是第 110 条。

如果这些变通方式被否决,这些污染源就可以在州法庭上提出这些计划不可行的主张。然而,州法院也不可以完全免除污染者的责任。即使州法庭不认可执行计划，但它仍可作为联邦法令得到实施。因此，联邦环保局仍然能够获取联邦法院的一纸判决，实施该计划，哪怕是州法院已把该计划当作州法律做出了无效判决。具体案情见 United States v. Ford Motor Co., 814 F. 2d 1099 (6th Cir. 1987)案。然而，联邦环保局并不经常行使该权力。

对于州一般可以自由地选择任何能达到国家大气环境质量标准的综合性控制方法的一个例外是，在那些要求通过采用“连续性控制技术”不断降低污染物排放量来达到大气环境质量标准的区域，只有在采取“连续性控制技术”是不经济的或者在技术上是不可行的时候，各污染源才能采取“间歇性的”或者“扩散性的”污染控制技术。在 1990 年以前，《清洁空气法》第 110 条第 1 款第 2 项第 2 目规定，每份州实施计划必须包括“排放限制、计划与遵守实施这些限制的时间表，以及其他为保证达到或维持国家大气环境质量标准要求而采取的必要手段”。在 Kennecott Copper Corp. v. Train, 526 F. 2d 1149 (9th Cir. 1975)案中，法院同意联邦环保局的观点，即《清洁空气法》第 110 条第 1 款第 2 项第 2 目中的“可能是必须的”仅是修饰“其他的措施”，而不是修饰“排放限制”的。因此，持续性的排放限制只有在持续性控制技术变得不可行时才是适当的。法院声称，间歇性的控制方式的可靠性和操作性是很成问题的，因为这一控制方式可能在需要时不一定用得上。另外，弥散式的排放技术并不是减少排放量，而只是把污染物扩散开来，对其他空气清洁的地区产生威胁。

在 1990 年，《清洁空气法》第 110 条第 1 款第 2 项中词句得到了修改，以避免法院对该条款进行上述解释。然而，

Kennecott 案已被编入了法案。在 Kennecott 案后的 1977 年，第 123 条加入了一项调整“高烟囱群”的规定，按照此规定，州实施计划中为控制空气污染所规定的排放限制的程度不受以下任何因素的影响：(1)烟囱太高，“超出了良好工程实践”，(2)其他任何弥散型技术。“良好工程实践”的意思是，烟囱的高度必须足以保护排放出的烟尘不会在“紧接邻近”污染源的地区造成污染物的“过分集中”。一般说来，这种高度不得超过污染源高度的 2.5 倍。同时，第 123 条第 2 款将间歇性控制也当作弥散技术的一种形式。

州实施计划中的变通方式是由州机构批准，再由环保局认可。这种特许被当作对州实施计划的修正。按照《清洁空气法》第 110 条第 1 款第 3 项第 1 目的规定，如果任何一个修正案并不影响到及时达标，并能保持国家大气环境质量标准，如果这一修正能要求持续控制排放达到可行的最大限度，并能满足《清洁空气法》第 110 条第 1 款第 2 项中的各项要求，那么环保局就要批准这个修正案。具体内容参见 Train v. NRDC，421 U.S. 60 (1975)案。这一条款在 1990 年被撤销了，但是第 110 条第 11 款如今要求环保局批准这些修正，只要这些修正能够被适当地列入文件并满足法案的各项条件。

根据《清洁空气法》第 304 条的规定，在穷尽了法律和行政方面对延期的可能性之后，公司可能会面临强制执行程序，或者是公民诉讼。在这种情况下，公司可以寻求联邦法院的公平裁决，以求获得再一次延期。正如我们在第一章中所了解的，通过法院裁决来延长期限的限度有些模糊。然而当国会认真地建立了批准延长期限的法律机制，法院运用自由裁量来进行判决当然是不合适的。这样，正如第三巡回法庭所说,司法裁决的余地确实都很少。具体内容见 United States v. Wheeling－Pittsburgh Steel Corp.,818 F. 2d 1077 (3d Cir. 1987)案。

前面讨论的是个别污染源遵守排放限制的可行性问题。但是如果一个州不能及时达到国家大气环境质量标准,并且是在州属空气质量控制区域,那该怎么办? 正如1977 年修正的《清洁空气法》中的第 172 条规定的那样,即控制的方法是"有效且实际"的话,批准延长的时间可以到1982 年,或者把对氧化剂和一氧化碳的限制延长到 1987年。根据《清洁空气法》第 110 条第 1 款第 2 项第 1 目、第172 条和第 173 条的规定,对于在法定最后期限内不能达到基本的国家大气环境质量标准,主要的制裁是禁止或延期建设或者启动"新的"或"改造的"主要固定污染源。第176 条也试图否决建设公路和其他各种各样目的的联邦批准权。

1987 年达标最后期限的来临把联邦环保局置于更加难看的处境。1987 年 12 月 31 日这个最后期限来临之时,70 多个城市的臭氧和一氧化碳空气质量控制都没有达到标准。超过达标最后期限的一个反应是,情况不一的各州试图采用各种各样的方法从那些较大的没有达标的地区中开创出达标的区域。然而,这个手段虽然表示各州努力进行了减排,但是并不能改变各州不严格执行实施计划的问题。在 Abramowitz v. Unite States EPA, 832 F. 2d 1071 (9th Cir. 1987)案中,法院认为环保局不能批准加利福尼亚州实施计划,因为这一计划并不能在法定的最后期限达到目标。环保局一直想方设法拖延时日允许加利福尼亚采用"合理的额外的努力"去达标。在 Delaney v. EPA, 898 F.

2d 687 (9th Cir. 1990)案中,法院再次拒绝了环保局给各州拖延时日的努力。

未达标区域是1990年修正案中集中关注的问题之一。修正案限制了州在划分未达标区域方面的权力。修正案规定现在的未达标区域必须包括这个市区,除非这个州能够表明,某些分区并不存在严重的未达标问题。至此,1977年修正案中一个规定得相当简单的不密切配合条款被一个更加完善的方案所取代。

修正案要求另一轮对州实施计划的修正以达到各州严格遵守计划的目标。在这个联系中,值得注意的是有关管理计划变更的问题。在计划呈报60天之内,环保局必须审查这份呈报是否完整。如果不完整,环保局可以把它的全部或部分定为无效。如果呈报完整,环保局必须在12个月以内批准或否决。如果环保局错过了这一最后期限,就不能对不遵守者施以惩罚。(最高法院根据1990年以前的司法解释回避了这一问题。)参见 General Motors Corp. v. United States, 496 U. S. 530 (1990)案。同时,环保局可以颁布一个附有条件的批准,即如果州在一年之内能集中全力采用具体的强制措施。

对于一个未达标区来说,如果州实施计划是不够的,环保局必须在两年之内发布一个联邦实施计划。修正案还提供了几种其他制裁,其中包括中止联邦公路资金。另一种重要制裁是"抵消要求"的上调,这要在本章后面加以讨论。调整的结果是限制了违章地区的经济增长。那些经济滞后地区可能会被升级到更高的类别,招致更加严厉的控制规定。最后,依据未达标问题的严重程度,"主要污染物"被重新定义,即把小污染源也包括进去,结果是那些小污染源将必须执行技术标准。

除了这些一般规定外，修正案还包括了一系列复杂的条款。这些条款都与臭氧、氮氧化物、一氧化碳和颗粒物有关。那些有关臭氧的条款都是具有说明性质的。法令依据污染的程度把臭氧未达标区域划分为5类。只有洛杉矶处在最差一级(极端地未达标地区)。一般情况下，《清洁空气法》规定的执行要以这一分类计划为依据。例如，"边缘"地区必须在3年之内达标，而严重污染区有9年时间，洛杉矶被给予20年时间。主要污染物根据各自的情况也被划分成不同类别；在边缘或中等地区每年减少100吨，但是在严重或极端严重地区可分别规定减少50吨、25吨或者是10吨。抵消要求在这些地区也各有不同。法令要求在不同类别的地区采用不同的具体控制措施。例如，在严重或极为严重的污染地区，要求加油站在加油泵上安装特别的软管喷嘴控制装置，用以收取燃料汽化物，还要求这些地区建立具有更严格的车辆检查和维护项目。其他污染物的未达标条款的规定和上述规定大致相似，但是同时也对联邦环保局的权限进行了或多或少的限制。

3. 新的固定污染源

《清洁空气法》第111条授权联邦环保局制定应当适用于"新的"固定污染源的大气污染物排放"实施标准"。所谓"新的"固定污染源是指在某特定的条例实施之后才新建或者改建的污染源。所谓"改建"是指，由于对该污染源的结构或者生产工艺进行了改动，因而使它所排放的大气污染物的总量比未改动前有所增加，或者排放了以前未排放过的大气污染物。"实施标准"是通过采取连续降低排污的最佳控制系统，达到降低排污程度的一种排放标准。连续降低排污的最佳控制系统由环保局局长决定，经过充分论证适用于此类污染物(这个最佳控制系统考虑了达到减少排污程度的费用和其他非因大气质量下降对人体健康和环境产生的影响及能源需求。如果“实施标准”不具有可实施性，则根据《清洁空气法》第111条第8款的规定，环保局可以颁布一个操作标准或者工作实践标准来代替。在 Portland Cement Association v. Ruckelshaus，486 F. 2d 375 (D. C. Cir. 1973)案中，原告水泥协会要求法院对为新建的和改建的一些水泥厂所规定的“实施标准”加以司法审查。原告指控说，联邦环保局没有遵守它曾强制规定的“应当考虑达到规定的排污减少量时将花费的费用”这一要求。联邦环保局根本没有编制一份用数字表明的成本—效益分析报告，以表明大气环境质量改善所获得的利益与安装控制污染设施将花的成本之间的比例，环保局只是对必要控制设备的总投资额和运行费用做了粗略的估算，便得出结论说，水泥行业可以承担这类费用，而且还可以转嫁给各消费者，同时也不会对建筑业的其他生产者，诸如钢铁业、沥青业和制铝业等产生实质性的影响。而法院认为，环保局已对各种经济成本进行了充分的考虑，满足《清洁空气法》第111条所规定的诸要求。

1977年对《清洁空气法》再次进行了修改，增加了第317条。该条规定，环保局应当根据本法第111条的规定，在拟采用的实施标准或经修改的实施标准公布之前，编制一份“该标准或者这些条例对经济影响的评价书”。该评价书应当对达到该标准所需的成本，该标准对通货膨胀和经济衰退的潜在影响以及对竞争、消费者支出和能源使用等所产生的影响做出分析，并且该评价书应向公众公开。然而，该条也同时规定：本节中的任何规定不能被解释为“变更制定这些标准或者条例的基础”或者被理解为“已授权或者要求对此类标准或条例加以司法审查”。

在里根总统开始执政的 1981 年，联邦政府就要求更为广泛地运用成本—效益分析法。第 12291 号总统令要求“主要的”规章必须履行成本—效益分析程序，除非这些规章禁止适用该分析法。后来颁布的总统令又对此要求进行了修改，但是还是保留了最基本的授权。成本—效益分析法的要求是由行政管理和预算局负责执行的。行政管理和预算局在决策制定中日益活跃，这一现象成为了政治争议的焦点，也使得行政管理和预算局是否违反了制定政策的法定程序的问题日益显现。同时，国会一再考虑加强成本—效益分析法的地位和作用，但是结果都以失败告终。

根据《清洁空气法》第 172 条规定，对于“不达标”地区，即那些大气环境质量未达到国家大气环境质量标准中的一种或数种标准的地区，州的执行计划必须规定：凡新建、改建的“主要”固定污染源，其建设和投产必须持有许可证。为了获得有效的许可，一个主要污染源排放污染物的比率必须达到“能达到的最低排放率”，并满足某污染的“抵消政策”的要求（将会在下文讨论）。《清洁空气法》第 171 条对“能达到的最低排放率”定义为：“在任何州的执行计划中所规定的……最严格的排放标准”（已被证明不能达到的标准除外）或者“在实践中所达到的最严格的排放标准”，以两者中更严格者为准。因为“能达到的最低排放率”可能没有根据第 111 条为新污染源规定的“实施标准”那么严格，所以，“能达到的最低排放率”起码必须是“采用了经充分论证的……最佳连续排污控制系统”，并考虑了所需费用后，能达到的最低标准。

在1977年对《清洁空气法》加以修订时，增添了第160条至第169条。这些条款规定，在州执行计划中应当包括防止下述地区的大气环境质量明显恶化的措施。这些地区是：已据本法第107条规定而划定的、其大气环境质量明显优于所适用的国家大气环境质量标准的地区，对其大气环境质量做出认定尚缺乏足够数据的地区。由于各类地区的划分是根据各种特定的污染物来确定的，因此，就同一地理区域而言，对某种大气污染物来说是“达标”地区，而对于另一种大气污染物来说，则可能就是“未达标”地区。

在适用“防止重大恶化原则”的地区，若不持有允许排放的许可证，任何人不得新建或改建“主要”的固定污染源。只有在满足下列条件的情况下，才能为上述的“主要”固定污染源颁发有关许可证：①申请人已通过试验证明，自这些设施中排放的污染物不会导致或者引起该“防止大气环境明显恶化地区”的大气污染物浓度超过所允许的增量或所允许的浓度；②适用于这些设施的各种排污标准反映了根据“防止重大恶化原则”，采用了“最佳可得排污控制技术”后，各种污染物所能达到的最小排污量。应当通过监测和扩散模型对排污不会导致超出所允许的增加量进行证明。

每年大约100个工程，大多数是改良工程，办理了防止重大恶化许可手续。因为“防止重大恶化原则”对厂址的选择没有任何影响，技术标准一直是“防止重大恶化原则”的政策核心。这个技术要求（即最有效的控制技术）与那些根据第111条要求而设立的新污染源标准相比，比普通的新污染源标准势必更加严格，且已经导致了排放量的显著降低。例如，颗粒和二氧化硫的排放标准比新污染源标准低

20%。环保局已经执行了一个“从上至下”的审查程序，根据这个程序，一个污染源必须使用最严格的可用控制技术，除非它能证明，那种技术的使用由于“实质上和独特的地方因素”而不切实际。

一个相关的要求是试图保护国家公园的能见度，因为薄雾严重损害了天然景色的美。第169条第1款规定，把认定的一类联邦区域（主要是国家公园）防止损害能见度宣布为国家环境目标，一些有限量的“翻新改进”——也就是改良现有工厂中的设备——被指定用于帮助实现这个目标。

如果一个企业面临一个足以进行改进技术和适用新的污染源审查标准的机会，则这个企业就会在“防止重大恶化原则”和未达标地区要求下面临着更为严格的污染控制要求。布什政府曾试图用多种理由来限制这些要求的适用。例如，布什政府要求企业只有暂时排放量增加的情况下，才需要按照“防止重大恶化原则”来进行技术的“重大改进”。在这一手段之下，允许企业在其他的时间内进行生产和排污活动，这会增加污染物的总排放量且不会导致要求该企业进行技术重大改进的后果。在 Environmental Defense v. Duke Energy Corp.，549 U.S. 561(2007)案中，最高法院撤回了此法案，以要求政府进行进一步的考虑。

3.2.3 抵消和泡泡政策

正如前文所提到的，《清洁空气法》的第173条规定，在“未达标区域建设和启动”新建或改建的主要固定污染源，必须经过许可。要获得许可，只有在来自现有污染源和新的、非主要的污染源的总允许排放量“远远低于合理的实施计划所允许的现有污染源的总排放量”，以使得该类许可证的颁发足以表明“该地区的大气环境质量……已获得明显的改善”。因此,即使增加一个新的污染源,每种污染物总允许排放量仍必须减少。根据1990年修正案,排放量的削减程度根据各区域未达标问题的严重程度而有所区别。新的或者改造过的主要污染物如要获得排放存储量,就只有通过减排的途径,这个减排必须是在完成州实施计划的前提下进行的。

《清洁空气法》第173条并未规定,减少排污量的污染源必须是属于申请新建或改建该主要污染源的人所有或者申请将新建或改建的主要污染源投产的人所有。该条只涉及“该地区现有污染源所允许的排放总量”,并且联邦环保局的指导思想是,允许将抵消量建立在其他人所拥有的污染源的排放量减少的基础上。所以,只要减少该地区总的排污量,至于谁减少了排污量是无关紧要的。某企业可以通过向附近一家企业支付一笔款项,让该企业关闭一座厂房或者将该厂房搬到另外的一个大气环境质量控制区去,以使本企业的排污不超过州实施计划的要求。《清洁空气法》第173条的实施结果是开辟了私主体间的排污权交易制度。

自1979年以来,联邦环保局已允许将暂时不用的排污权以“信用卡”的方式存起来以便用来抵消新建的污染源的排放量。例如,企业所在地可以把因某些企业关闭而减少的排污量存起来,这些存起来的排污量以后可以转让给设在同一地区的新企业。

在上文中,我们讨论了各污染源之间的污染量的抵消问题,下面,我们将讨论同一污染源内部污染量的抵消问题,也就是人们常说的“泡泡政策”。就像抵消政策允许在各污染源之间进行一样,“泡泡政策”允许在同一污染源内部进行交易。“泡泡政策”的基本设想是,就排污管理而言,可以把含有多个污染源的企业看作是一个大的污染源,因此,可以把从某企业所有的烟囱中排出的污染物看作一个整体。如果所有的烟囱只属于一家企业所有,那么我们就将其称之为“结网”。“泡泡政策”涉及的是由多家企业所组成的共同共有的整体。在实践中,“结网”的使用率比“泡泡政策”更广。

泡泡政策是哥伦比亚地区巡回法庭裁决过程中产生矛盾的一个根源。法院在一连串的三个案件中都碰到了泡泡问题。其中两起案件涉及《清洁空气法》第111条规定的新污染源的标准和未达标问题,泡泡政策被宣布无效。但在涉及“防止重大恶化原则”的另一个案件中,泡泡政策得到了支持。

在Chevron, U. S. A., Inc. v. NRDC, 467 U. S. 837 (1984)案中,泡泡政策的使用问题被上诉到了最高法院。该案涉及把泡泡政策运用于未达标区域的规定中。在本案中,使用泡泡政策的效用是允许公司以减少一个污染源的排放来对另一个污染源的污染进行抵消,这中间并不遵守抵消条款的其他要求。然而,最高法院鼓励使用泡泡政策。法院发现在法律术语和立法背景上都没有与此直接有关的任何材料,所以做出结论,此问题是一个如何执行法令的普通政策问题。法院认为,这个政策最好是由环保局而不是由司法机关来做决定。

在这个案例中,环保局的解释给了明显的利益竞争以合理的通融,其有资格得到尊重:管理方案技术性强且复杂,环保局以一种更细致更合理的方式考虑此事,所做决定是在相互矛盾的政策中寻求一种妥协。国会试图调解双方利益,但是并没有结合这个案例的特性进行调解。或许国会非常渴望环保局在具体问题上加以平衡,认为那些具有专门知识并负责实施法规的机构能更好地处理此问题。也许国会压根就没有从这个层次上考虑这个问题;也许国会没有能力使与问题有关的双方达成一致,而双方人员决定拿环保局设计的方案碰碰运气。为了司法上解决案件的目的,无论发生什么都无关紧要。

法官不是这个领域的专家,也不隶属于政府方面任何一个政治机关。在一些案件中,法院必须调和冲突各方的利益,但不能基于法官个人政策上的好恶。相比之下,受国会委托负有制定政策责任的机构,可以在其授权范围内,适当依靠现任行政当局政策观点,为法院做出判断时提供信息依据。

Chevron 案已经成为法院对行政解释进行审查的经典型案例。正如这一部分内容所说明的,后来的管理中,在对竞争政策的重新评估的背景下,各州被禁止在未达标区域的管理中使用泡泡政策。

3.2.4 有毒有害物引起的大气污染

1990 年以前,《清洁空气法》第 112 条要求联邦环保局将有毒有害的空气污染物限定在保护公众健康并"留有充分的安全余地"的水平上。这与 1972 年《清洁水法》控制有毒有害的水污染物的标准相类似。正如后文将要讨论的,《清洁水法》的该条款并不具有可实施性,所以 1977 年对该条款进行了修改。1977 年《清洁水法》的修正案列出了有毒有害污染物的清单,并通过了在最佳可行技术标准下超标限额,对此,联邦环保局对在"留有充分的安全余地"的标准下制定严格的限制采取了谨慎的态度。

直到1987年，在1970年《清洁空气法》约束下的联邦环保局的管理方式才和1977年《清洁水法》修正案的管理方式相似，尽管《清洁空气法》第112条没有提到最佳可行技术和技术上的可行性。然而，对于有毒有害的空气污染物，这种管理方式在NRDC v. EPA, 824 F. 2d 1146 (D. C. Cir. 1987)案中被认为是违法的。在本案中，法院认为"安全"并不意味着"没有风险"，并且联邦环保局局长应该运用他的"专业来判断"什么样的排放标准才是在健康安全的可控范围内。环保局局长只有在确保"安全"的情况下才能考虑"留有余地"，然后通过制定一个可行性极差的管理标准来降低"安全"的危险系数。

1989年，联邦环保局颁布了治理工业苯排放量的规定。这是第一个按照法院诉讼要求依照"两步走"程序发展起来的有毒气体污染(排放)标准。考虑到身体健康可接受的风险，联邦环保局表示，通常来说不高于1/10000的最大个人风险是可以接受的，例如，一个人居住在离污染物很近的区域，24小时最大程度地暴露在污染物面前，70年内不应当高于1/10000患癌风险率。考虑到"留有充分的安全余地"，联邦环保局应该为绝大多数人提供保护，评估出在排污源的50公里内有99%的人一生患癌的风险率不会多于1/1000000。

1990年的《清洁空气法》修正案包括全新的第112条，这一条款与《清洁水法》第307条类似。上述"风险处理"的方法在1987年哥伦比亚巡回法院审理的NRDC v. EPA案中得到运用，1989年国会授权联邦环保局制定的工业苯排放的规范中，这一方法得到支持并在新的第112条款中继续保持其重要地位。

目前，第112条第2款将189种化学物品的初步名单纳入规定。对于“主要”和“非主要”这两种分类中的每一项，联邦环保局将公布排放标准，要求给予“最大可控技术”(MACT)。40种最高等级优先的污染源分类标准于1992年出台。其他的标准将于2000年最终期限之前逐步出台。标准出台后三年内存在的污染源必须符合MACT标准，除非联邦环保局或者州发放的一年期的延期许可证。

如果超出了MACT标准，《清洁空气法》第112条第6款第2项也规定了后续的补救措施，即在MACT标准公布的八年后，对每一种类的污染源都需要给予更加严格的排放标准，必须“为保护公众健康提供足够的安全余地”或“以保护为目的，考虑消耗、能源、安全以及其他相关因素对环境的不利影响”。如果MACT标准运用于一个“已知可能导致人们患癌率增加的污染源……为了将风险降低到1/1000000，管理者必须在本条款指导下颁布该种污染物的排放标准”。《清洁空气法》第112条第6款第2项第4目规定了，在1990年修正案颁布和1989年治理工业苯排放量的规定阐明之前，没有任何迹象可以表明第112条可以被解释为应当参照管理者的解释来执行。

3.3 《清洁水法》下的污染控制

水污染的主要污染物是各种工业设施、都市设施和农业设施排入河流、湖泊以及海洋的有机废弃物、其他各种营养物、有毒化学品和其他各种有毒物质、热水和各种沉淀物等各种污染物。

有机废弃物会被细菌分解，常温的测量单位是生物化学需氧量或分解它们的总需氧量。鱼类和其他水生生物都需要氧气，因此，测定水体中的溶解氧的数量是判定水体的生态系统是否良好时常用的、最好的测量方法之一。如果在有机废物的分解中耗费了大量的溶解氧，那么，某些鱼类，如鲤鱼就无法继续生存下去，并且会被比它们更耐污染的鱼类所代替。如果在有机废弃物的分解过程中耗费了所有的溶解氧，那么将会发生厌氧分解（即无氧分解）。厌氧分解不像有氧分解那样释放出二氧化碳，而是释放出甲烷或硫化氢，从而使河流、湖泊发黑并散发出恶臭气味。

向河流或湖泊中排放废热水也会对水生生物造成危害（热污染）。随着水温的升高，水中的生物和化学变化也加速，从而使水溶解氧气和其他气体的能力降低，某些水生植物，如藻类迅速增加，最后可能危及渔业生产。

富营养化，或称为“湖泊的死亡”，是由于水体中的营养物或者沉淀物的增加而导致的一种自然过程。任何湖泊，由于沉淀物等进入，经过一段时间后，都会逐渐变浅并且生物生产能力更强，进而演变为沼泽，最终成为陆地。在正常情况下，这种演变过程需要上千年。但是，人类通过向湖泊中排放各种植物营养物质，如洗涤剂、各种化肥及人畜粪便，并听任土壤从农用地或其他土地上随径流流入湖泊，大大地加速了湖泊的这一演变过程。

向水体中排放（即使是在经处理后排放）各种有毒化学品、重金属和其他有害物质，能危及水生生物的生存，并且使纳污水体及生活在其中的鱼类、贝类的质量降低，因而不再适宜人们饮用及食用。

大部分工业废水都可以通过净化处理和改革工艺流程

而得到控制。某些种类的废水,如食品工业排放的废水,能在城市污水处理系统中得到有效的处理(在某些情况下,需经过处理后才得排入城市污水系统)。城市污水处理系统接纳的污水中,约有一半是工业废水,另一半则是生活污水和从商业设施排出的污水。

各城市污水处理厂都采用三级处理技术。一级处理是很简单的沉淀过程,它将各种固体物质自污水中分离和沉淀出来,一级处理能除去水中生物化学需氧量的25%—30%。二级处理是生物处理,它实际上将在天然水体中进行的生物氧化过程加速进行,好的二级处理工厂能除去水中已测出的生化需氧量的90%。三级处理则包括为特殊的处理所需的范围广泛、品种多样的各种处理过程的高级处理方式,它能除去污水中测得的生物化学需氧量的99%。但是,即使在经过这些净化处理后,城市污水中还是将大量的磷酸酯、硝酸盐等物质带入水体中。虽然,二级污水处理厂在经过改造后去除污水中所含的磷酸酯、硝酸盐的水平可能会更高一些,但是,在目前的状况下,它去除磷酸酯的平均值为30%,而硝酸盐则仅为20%。

另一个城市污水问题是排入雨水排放系统的街头径流。在雨水排放系统与污水排放系统分开的地方,街头的地表径流未经处理便进入了承纳水体,因而能带入各种各样的废弃物,包括有机废弃物和有毒废弃物。在那些雨水排放系统和污水排放系统合一的地方,在下暴雨和融雪时,地表径流和污水加在一起的水量往往会超出污水处理系统的处理能力,这时,这些污水也会直接排入各承纳水体。

3.3.1 《清洁水法》的概况

1972年前,《联邦水污染控制法》中规定了一种防止水污染的管理体制，这种体制主要包括由各州制定，适用于州际水域或航海水域的水环境质量标准。这种标准是根据各州对某一水体的特殊用途(如农用、工业用或娱乐使用)而分别制定的。只有在排污已使得该纳污水体的水质降至它规定的水环境质量标准时，才会强制实施这些标准。这种管理体制，由于缺乏强制性而告失败。由于各种各样的污染者将废水排入同一河流或湖泊，因而也就产生了一个在实施侵权法时所遇到的问题，即由谁来承担举证责任？而正如空气污染一样，各州是既没有兴趣也没有能力去采取有效措施。

在 1972 年，国会对水污染防治工作采取了一种与以前全然不同的处理办法。在那一年通过的《联邦水污染控制法》修正案中，创设了一种新的管理体制。该管理体制包括各种标准的制定、颁发、许可证管理系统以及强制执行等，目的在于使全国各通航水体的水质，在 1983 年达到"可供渔业使用和国民游泳"的水平，并在 1985 年，完全禁止向水体排放各种污染物。水环境质量标准由许多排放标准加以补充，这些排放标准种类繁多，分别适用于不同的"点源"(任何已排放或者可能排放水污染物的……可辨认的、有一定范围的和分立的设备和设施)。这些污染物排放标准在该法案中是以排污限额的形式出现的。该修正案第 301 条规定，到 1977 年，适用于所有点源(公有污水处理厂除外)的排污限额应当能反映"现在可得的最佳可行控制技术"(BPT，即最佳可行技术)所能达到的水平。且到 1983 年，则应当能反映"经济上可行的最佳可得控制技术"(BAT，即最佳污染物控制技术)所能达到的水平。对于公有污水处理厂来说，则要求到 1977 年，采用二级处理，到 1983 年，采用“在污水处理厂整个运行期内都能使用的最佳可行污染处理技术”。此外，该条还规定，所有的点源都应当遵守各州的法律或联邦的法律规定，或者据本法第302条的规定而制定的、目的在于使某水体达到水质环境标准的各种更加严格的排污限额。

一些点源污染形式被加以特殊的要求，该修正案第306条要求某些种类的“新”污染源，应当达到与在1983年采用最佳污染物控制技术后所能达到的排放标准相同的排污限额。该修正案第307条要求联邦环保局制定并不断修订有毒物质名录，并为这些有毒物质分别规定不同的排放限额。这些排放限额应当主要基于公众健康和水质的需要来制定，而不是基于技术上的可行性，并且这个限额需要留有一个充分的安全余地。该修正案的第307条款在后文将会进行详细探讨。

该修正案的第402条，创设了一个许可证管理体系，即“国家消除污染物排放制度”。根据这个制度的规定，由联邦环保局或者其计划已经得到了联邦环保局批准的州给排污者颁发排污许可证。点源的任何排污都应当遵守在排污许可证中为它规定的各项限制，否则，将被认定是违法行为。在这些排污许可证中，必须包括该法第301条、第302条、第306条和第307条为该污染源规定的排放限额，并包括需要强制性遵守的最终日期。《清洁水法》的1987年修正案禁止倒退，仅存在个别的例外情形，对同一种设备而言，新的许可必须比当时现行的许可更加严厉。

1972年的修正案仍期望由各州来承担实施该法的主要责任，但是，联邦政府已不像在《联邦水污染控制法》中所规定的那样束手无策，它可以采取有关行动以实施州或联邦的各项标准。此外，为了使各种新的标准能得以实施，该修正案允许对排污进行监督检查、进入排污现场对排污进行监测，由联邦环保局提起诉讼和公民诉讼。根据该修正案第 505 条的规定，公民可以对未能执行州或联邦环保局的限额的现象提起诉讼。（如果政府的执行计划被财政限制所打乱，那么公民诉讼就会显得更加重要。）公民还可以因联邦环保局未履行法定义务而对它提起诉讼。该修正案的另外一个条款解决的是湿地保护问题，将在本书第六章中加以讨论。

和《清洁空气法》一样，《联邦水污染控制法》也是在 1977 年再次修订并更名为《清洁水法》。该法授权联邦环保局可以根据具体情况，为那些已为达到该法要求而做出善意努力的工业排污者颁发许可证，推迟它本应在 1977 年达到的采用“最佳可行技术”的期限。但是，该法同时也规定了该工业排污者必须在 1979 年达到采用“最佳可行技术”的要求。环保局还可以为那些由于缺乏联邦补助金而导致的拖延进行延期，允许它们可以在 1983 年之前完成要求。此外，该修正案第 301 条第 8 款还授权联邦环保局允许对公有污水处理厂暂时放弃它们达到二级处理的要求，只要它们向海水（包括海洋和湖河）排放的污水经过了初步的处理，且能使纳污水体的水质达到或保持在确保公共供水、水生生物正常生长和可在其中从事娱乐活动的程度。

针对工业所规定的，应当在 1983 年采用足以达到最佳污染物控制技术的期限中止问题上，1977 年修正案规定得十分复杂。1977 年修正案对于三类不同污染物规定了各不相同的要求：①有毒污染物，包括最早列入了有毒名录的 129 种特殊的化学物质；②联邦环保局规定的“常规污染物”，包括生物化学需氧量、大肠杆菌、悬浮物和 PH；③非常规污染物，即那些既未被环保局列入有毒名录，又未被列为常规污染物的污染物。对于各种有毒污染物，1977 年修正案规定应当在 1984 年 7 月 1 日前采用最佳污染物控制技术（对于那些原未被列入有毒污染物名录中的有毒物质，则自环保局公布了适用的排放限额之日后三年内），不允许有例外情形的存在。此外，根据 1977 年前的法律规定，如果环保局认为，为了保护公众健康并留有充分的安全余地，或者为了达到适用的水环境质量标准有必要这么做，则它仍可为某些有毒污染物规定更加严格的排放标准，包括零排放。1987 年的《清洁水法》修正案，也规定了更严厉的标准，用于控制有毒物的“频发地区”。在这些地方，最佳污染物控制技术标准、新污染源标准和初步处理标准都不足以使水质达标。

对各种常规污染物规定了一种新的标准，即“最佳常规污染物控制技术”（BCT，即最佳可得技术），并要求各污染源在 1984 年 7 月 1 日前达到此标准。联邦环保局在为常规污染物规定排放限额时，除了应对其他问题加以考虑外，还应考虑“达到此种排污量的减少所需的成本与由于这些排污量的减少而产生的效益之间的关系的合理性”。然而，在为各种有毒污染物和非常规污染物制定最佳污染物控制技术排污限额时，则不考虑这种起缓冲作用的“成本一效益分析”因素。最终，非常规污染物的最佳污染物控制技术排污限额实现的最后期限被延伸至 1989 年。

此外，根据《清洁水法》第 304 条第 2 款第 4 项的规定，“二级处理”一词的外延在 1981 年得到了扩展：“诸如氧化塘和氧化池这样的生物处理设备”，在这些设备中，太阳光和海藻引起废物的分解只要对受纳水体没有负面影响，就认为是“二级处理”。显然，这次重新的定义与第301条第8款中关于向海洋排放污水的规定合在一起，就形成了一个局部性的倒退。即就公有污水处理厂而言，等于部分地放弃了以技术为基础而制定的排污标准，回到了1972年以前的那种要求达到水环境质量标准的排放标准上去了。

在管理工业污染源方面，水质是一直被关注的对象。第302条和第303条规定，在必须要达到一定水质标准时，实行严格的排污限制，并规定了把水划分成理想用水和必要的纯度的程序。各州在判断水的类型时留出了很大的余地，但是在决定这种用途需要哪种水质时，留有余地很小。1987年《清洁水法》修正案对第302条进行了修改，即当所花成本与所得利益之间不存在“合理关系”时也可以更改该款的规定。在1987年修正案中，最为艰巨的任务是非点源污染的水质问题，主要是来自农业和城市区域的污染。这些污染已被证明是主要的而又难以控制的水污染问题。在1987年修正案之前，第208条就对此加以了规定，并竭力加以解决，但效果并不明显。1987年修正案增加第319条来解决这一问题，要求各州辨识如果对非点源的污染物不加控制，就不可能达到水质标准的水体，并要求各州建立管理这些水体的计划。该计划包括对各种污染源进行“最佳的管理”。

尽管与技术标准相比，水环境标准的重要性较低，但是其还是有一定价值的。例如，最高法院支持在水力发电站的许可中，为了保持水质而使用州的水质要求。具体内容可见 PUD No. 1 of Jefferson County v. Washington Dept. of Ecology, 511 U.S. 700 (1994)案。Thomas 法官对此案的判决表示了强烈的不满，他认为法院将狭隘的地区水环境利益凌驾于整个国家的发电利益之上。法院的多数观点不仅否认了 Thomas 法官的观点，而且还批准了州政府可以采用合理机制来确定水质标准，以采用定量的方式来限制水污染。

目前，最有争议的水质问题是第 303 条第 4 款规定的联邦环保局是否有权确立最大日负荷量的问题。这些最大日负荷量不仅适用于点源污染（不管是否存在最佳污染物控制技术标准），还适用于其他非点源污染，这给予了联邦环保局要求各州适用超出以技术为基础的标准的权力。具体内容见 Dioxin/Organochlorine Center v. Clarke, 57 F. 3d 1517 (9th Cir. 1995)案。不管是排污者还是各州和当地政府都对此法案提出了异议，因为这条法案使得他们在水污染控制方面会遭受更大的压力。

到目前为止，以技术为基础而制定的限制排放额仍然管理着各工业点源污染。如我们在上面提到过的，《清洁水法》第 301 条第 2 款要求各种排放限额应能反映排污者基于不同类型的污染物而采取各种不同的水准的技术后所能达到的污染物排放量和所能达到的期限，如采取"最佳可行技术""最佳污染控制技术"或"最佳可得技术"。但是，该法确实没有明确地规定由谁来制定这些排污限额和怎样来制定这些排污限额。在 1977 年的 E. I. do Pont de Nemours & Co. v. Train, 430 U. S. 112(1977)案中，杜邦公司对《清洁水法》第 301 条是否已授权联邦环保局可以制定"适用于各种类别"的工厂的排污限额一事提出了质疑。该公司争辩说，该法第 301 条第 2 款仅仅表明，只有在据该法第 402 条规定，为与"国家消除污染物排放制度"有关的某个工厂颁发许可证，并且确定适用于该工厂的排放限额时，才应将技术水平考虑在内。在此诉讼中出现的一个关键性问题是联邦环保局能否采用颁布条例的方式，也就是通过行使准立法权，规定一系列的排放限额，或者说，这些排放限额是否只能由颁发“国家消除污染物排放制度”许可证的州政府官员或联邦环保局地区办事处的官员，在对某类争执进行行政调解的过程中，分别加以规定？

最高法院支持了联邦环保局的观点，最高法院在考虑了第 301 条的立法背景，考虑到环保局难以承受超过 42 万的申请人提出许可证申请，并且对每个申请人的特殊情况给予考虑的实际情况，以及认为应对环保局的“合理的”法律解释给予必要的司法尊重后，法院认为，《清洁水法》第 301 条已授权联邦环保局制定最佳可行技术和最佳可得技术标准限制，然而，法院同时认为，联邦环保局也需要对不同的企业给予一定的差别对待，就像联邦环保局所制定的饱受争议的最佳可行技术标准限额中的差异条款一样。

3.3.2 对经济和技术可行性的考虑

《清洁水法》第 301 条和第 304 条中关于“最佳可行技术”“最佳污染控制技术”和“最佳可得技术”的定义给了环保局在确定不同种类、不同等级的污染源的排污限额时充分的自由裁量权。我们接着需要考虑在执行“最佳可行技术”“最佳污染控制技术”和“最佳可得技术”标准时必须要考虑的可行性因素。我们也要检查与第 306 条有关的原则，其中会涉及针对“新的”水污染源适用的全国标准。

最高法院最近的一个判决使得《清洁水法》中以技术基础来确定标准的观点得以明确，不考虑“成本收益分析”的解释出现了不确定性。具体见 Entergy Corp. v. Riverkeeper, Inc. 1295. Ct. 1498(2009)案，这个案件涉及《清洁水法》第 316 条第 2 款的规定。《清洁水法》第 316 条第 2 款是关于电力工厂冷却塔(会对水环境造成影响)的规定。《清洁水法》要求环保局颁布一个体现“对水环境的多样性产生最小影响的技术”的标准。原告认为，按这一要求所选择的技术只能是尽可能减少影响的技术手段。最高法院认为“最好技术”这一术语的潜在含义既包括能最大限度地减少影响的技术，也包括减少环境影响最有效率的技术。与联邦环保局的解释不同，最高法院认为《清洁空气法》允许使用“成本收益分析”，这样最少可以使联邦环保局的决定避免出现“成本和收益极端不对等”的情形。

Entergy 案所延伸的主要问题是在《清洁水法》的部分条款的规定下，要求对成本与收益加以平衡变得越来越广泛。实践中，这个判决的影响可能会受到限制，因为相较于其他条款，在设立以技术为基础的标准方面，第 316 条第 2 款对联邦环保局所提供的指导依据较少。然而，只有时间可以证明，Entergy 案是否会得到广泛的认可，从而成为成本收益分析的主要依据。

1. 最佳可行技术

American Meat Institute v. EPA, 526 F. 2d 442(7th Cir1975)案是工业界对环保局所制定的各种排污标准深感不满的典型例子。该案涉及适用于肉类加工过程中屠宰工艺的最佳可行技术。根据《清洁水法》第 301 条第 2 款第 1 项第 1 目的规定，环保局在为某工厂决定它应采用现在的最佳可行技术时，应当考虑下述因素：采用该技术将花费的费用以及由此减少的排污量所带来的获益之间的关系；该设备和设施已运行的年份；所采用的生产工艺；控制技术在工程方面是否有困难；工艺改革以及对水以外的环境质量的影响。为了解释适用这一技术标准，联邦环保局是根据该用词的立法背景来掌握它所颁布的标准的松严的。该次的立法背景表明，所谓最佳可行技术应当能反映“可以为现有的各种规模、年限的工厂所采用的最佳技术的平均值以及在该工业行业中每单位产值所排污染物的平均值”，而不必考虑哪些生产工艺特别落后的工厂的情况。法院支持了环保局的解释并确认了环保局为肉类生产的屠宰工艺所规定的排放限额。依据是，事实上，现今已有一家以上的肉类加工厂达到了这种排放限额。

法院支持了环保局的下述主张，即在制定最佳可行技术排污限额时，不必考虑纳污水体的水质。在 Weyerhaeuser Co. v. Costle，590 F. 2d 1011(D. C. Ci. 1978)案中，制浆和造纸工厂的厂主们对适用于他们行业的那些规定最佳可行技术的条例的有效性提出了异议。他们所属的一些工厂是向太平洋排污的。他们争辩说，由于它们所排放的污水总量和纳污水体的水量相比是微不足道的，因此，他们不必要为处理那些太平洋本来能自行稀释和处理的污水而花费大笔金钱来购置和安装净化设施。但是，法院同意环保局的意见，即正是鉴于长期的经验，对技术知识的了解和行政管理的不确定性，国会才于 1972 年做出了谨慎的选择，否定了基于纳污水体的自净能力为据的管理原则。这个决定，不仅是基于 1972 年前的水环境质量标准缺乏可实施性的教训做出的，也是基于有一个全国统一的排污管理制度的愿望及防止各州为了取得并保持工业优势而故意放松地方标准的实施的愿望而做出的。只有在规定比反映以技术为基础的排污标准更严格的标准时，才应当考虑纳污水体的水质。

尽管《清洁水法》没有提到最佳可行技术标准的差异对待问题，但最高法院在前文讨论的Du Pont案中认为，环保局实行各种各样的标准，不仅是允许的，而且是必要的。环保局允许那些工业标准存在"根本性不同因素"的工厂进行同类别范围内的标准调整。在随后的案例中，法院澄清了这些"根本性不同因素"差异的实质。首先，在EPA v. National crushed Stone Association，449 U. S. 64(1980)案中，法院支持环保局的观点，即个别公司在经济方面的无力遵守标准不能作为"根本性不同因素"差异的基础。尽管污水控制成本与污水减少利益之间与实现最佳可行技术有关，但个别公司的经济能力较差不能构成差异的因素。其次，在Chemical Manufacturers Association v. NRDC，470 U. S. 116(1985)案中，法院主张，"根本性不同因素"差异对有毒污染物有效，尽管在《清洁水法》第301条第1款中规定，禁止对有毒污染物的标准做任何更改。法院解释，"根本性不同因素"差异不是对污染标准的更改，而是对特殊工厂个别情况下的灵活运用。1987年《清洁水法》修正案增加了一项新条款，即第301条第14款，该条款规定了最佳可得技术标准的"根本性不同因素"的差异对待问题，并没有涉及最佳可行技术标准。

2. 最佳污染控制技术

在1977年的《清洁水法》修正案中，第304条第2款第4项第2目详细地规定了在制定最佳污染控制技术排污限额时应采用的各项标准，关于成本和费用问题，该法规定，在制定最佳污染控制技术排污限额时，应当考虑达到减少这种排污量将花费的费用和减少此种排污量将产生的获益之间的关系的合理性，以及将公有的污水处理厂减少这些污染物所花费的费用及减少的程度与某一类别或某一等级的工业污染源减少这些污染物所需的费用及减少的程度所做的比较。在1979年，联邦环保局颁发了确定最佳污染控制技术的排污限额的办法，该方法将这种成本合理性分析简化为一种单一的审查方法，即将工业污染源从最佳可行技术提高到最佳污染控制技术所需要的边际成本与公有污水厂从“二级处理”提高到“高级的和先进的二级处理”所需的边际成本加以比较(即公有污水处理厂比较审查方法)。环保局在对公有污水处理厂的各种成本进行分析之后，确定公有污水处理厂自二级处理提高到“高级的二级处理”所需要的边际成本是每磅1.15美元。随后，它对现有的41种工业污染物的最佳可得技术排污限额进行了筛选，以决定哪一种标准能够通过公有污水处理厂审查方法。

各工业团体对新的最佳污染控制技术标准提出了一系列诉讼。这些诉讼中，以 American Paper Institute v. EPA, 660 F.2d 954(4th Cir. 1981)案最为著名。原告声称，《清洁水法》第304条第2款要求两方面的成本合理审查，即工业成本—效益审查和公有污水处理厂比较审查。诉讼的另一方联邦环保局则提出，国会并未要求对工业成本—效益加以审查，而仅仅要求它遵守公有污水处理厂比较审查。看起来，环保局在此是把双重的法律要求理解成了单一的法律要求，即认为该法仅要求它对合理性做出分析。法院否决了环保局上述论点，并宣布当时所有的最佳控制技术标准无效。法院认为，环保局对法律的解释是与该法律用语的明确含义相反的，环保局忽视了强制性用语和连词的区别。但是，法院又认为，环保局在进行公有污水处理厂比较审查时，选定“高级的二级处理”为“二级处理”的更高一级的污水处理方式的做法，并不是任意的和武断的。1986年，联邦环保局颁布了新的最佳控制技术标准，在公有污水处理厂比较审查的同时增加了工业成本—效益审查，同时规定最佳污染控制技术的同样增值成本不能高于最佳可行技术的1.29倍。

之后的一项判决对设置最佳可行技术和最佳污染物控制技术标准中成本的作用提供了附加的指导。在Chemical Mfrs. Ass’n v. U.S. EPA，870 F.2d 177(5th Cir. 1989)案中，协会的观点是最佳可行技术标准应该进行“曲线拐点”测试，判断转化的边际成本陡然上升的时间点。要把工业方面的常规污染物由96%提高到99%，可能会花费当前处理每磅污染物成本的几乎两倍。协会主张，这次转化已超过了“曲线拐点”，因此是不允许的。环保局辩驳说，“曲线拐点”的测试只能运用在评价超出当前有效的最佳可行技术排放标准时。法院同意环保局的观点：

最佳污染控制技术条款旨在为限制常规污染物设立一种介乎最佳可行技术标准与更严格的最佳可得技术标准之间的中等水平的标准，该条款增加了一项关于调高技术标准时需要进行工业成本—效益分析的规定，该项技术规定已超出最佳可行技术标准。按照最佳污染控制技术标准，如果对常规污染物的附加性限制比最佳可行技术标准更加严厉，只有在“增加的处理成本相对环境利益的增加而言显得合理”的情况下才可能得到实施。

法院认为，在最佳可行技术标准和最佳污染控制技术标准中，考察成本的意义是不同的。作为最佳可行技术标准，只需要考察技术成本是否与收益之间“彻底比例失衡”。

相反，在最佳污染物控制技术标准的制定时，会更加重视对成本因素的考察。值得注意的是，根据《清洁水法》1987 年修正案第 301 条第 14 款的规定，“根本性不同因素”差异适用于最佳污染控制技术标准。

3. 最佳可得技术

《清洁水法》第 301 条第 2 款第 2 项规定，对非常规水污染物和有毒有害水污染物适用最佳可得排污限制。第 304 条第 2 款第 2 项第 2 目规定，在对最佳可得技术做出估价时，应当考虑下述因素：设备或设施运行的年份；所采用的生产工艺；控制技术在工程方面是否存在问题；工艺改革；达到减少这种排污量所需的费用以及对除水之外的环境质量的影响。该条款并未要求对减少排污所需的费用或减少此种排污所带来的获益之间进行平衡。由于《清洁水法》第 301 条规定，到 1984 年，所有的有毒有害污染物的排放均应达到最佳可得技术排污限制标准，而对非常规污染物则未规定达到最佳可得技术排污限额的期限，所以，环保局现在所制定的最佳可得技术计划都是针对有毒有害污染物的。据《清洁水法》规定所制定的有毒有害污染物的规章，我们将在下文加以讨论。现在，我们将仅考虑差别待遇问题。

《清洁水法》第 301 条第 3 款授权环保局可以批准最佳可得技术标准进行某些变动，但必须证明，此种变动要求：①足以表明工厂的所有人或经营人已在其经济能力所及的范围内最大限度地采用了先进技术；②其结果将导致在达到最终消除污染物排放的目标上取得合理的进展。因此，既要考虑该种变动对个别工厂所产生的经济影响，又要考虑它对环境产生的影响。但是，《清洁水法》第 301 条第 9

款则规定，禁止对已被第 307 条规定所列入的有毒有害污染物的排放限额做出任何变动。这样，《清洁水法》第 301 条第 3 款的差别待遇的规定只能适用于非常规污染物。

1987 年《清洁水法》修正案增加了一个条款，即第 301 条第 14 款，这一条款清楚地说明了最佳可得技术标准和最佳污染控制技术标准是可以适用“根本性不同因素”差异的。国会正式认可了最高法院关于“根本性不同因素”差异的观点：修正案限制考虑哪些建立排污限额中考虑过的因素，但是除了成本因素，修正案同时规定“根本性不同因素”差异对有毒污染物也是有效的。修正案也似乎认可了下级法院的判决，这个判决在批准最佳可得技术标准差异中把放弃水质作为了一个因素，水质并不是建立排放限额中的一个因素。修正案清楚地表明，需要考虑的差别对待的因素与政府在制定排放限额中需要考虑的因素是一样的。

在《清洁水法》第 301 条第 7 款中也可找到最佳可得技术标准差异的另一个来源（但仅适用于非有毒污染物）。这一条款基于对水质的考虑，允许有差别对待。申请者必须表明，变更须不影响公用水的供应，变更须防止野生动物和鱼类数量的失衡，变更不允许排放能引起风险的有毒物质。1987 年修正案将《清洁水法》第 301 条第 7 款把排放限额差异施加在几种经过认真研究过的非常规污染物之上。

4. 对新污染源适用的实施标准

《清洁水法》第 306 条授权联邦环保局为各工业的各类新污染源制定联邦实施标准。所谓“新污染源”，包括在环保局已据第 306 条的规定提出了将适用于此类污染源的排放标准草案后，才开始建设的（不是改建的）所有污染源。该实施标准必须反映“环保局已通过最佳可得技术的示范而确定的各种污染控制技术、生产工艺、操作方法及其他变通性办法所能达到的污染物减少最大程度，还应当包括禁止排放任何污水的领域”。环保局在建立这一标准时，“应当考虑达到减少这种排污所需的费用，它对除水之外的环境要素的质量影响以及能源的需求”。

至于对个别污染源的所有人或经营人是否有能力达到适用于整个行业的这种实施标准则不必加以考虑。在前文已讨论的 Du Pont 案中，最高法院注意到，《清洁水法》中没有关于可对此类实施标准加以变动的规定，因而认定，对于这个意在确保全国的统一性和最大可能地控制“新污染源”的排污的标准来说，做出各种变动是不相宜的。

3.3.3 有毒有害污染物

追溯到 1972 年，《清洁水法》要求联邦环保局出台一份有毒有害污染物的清单并规定这些污染物的排放限额，以使得水环境存在一个“足够的安全余地”。由于各种各样的原因，在实践中，这些标准都难以实施。环保机关缺乏关于有毒有害污染物的足够的信息，且法定的时间表过紧，难以完成信息的收集工作。更严重的是，由于留有“足够的安全余地”的要求存在，环保机关认为根本无法考虑这些标准的可实施性。结果，实施法定的计划会进一步导致企业破产现象的扩大，一些大型企业的经济受到持续的损害。

在这些问题上，1977 年《清洁水法》修正案取得了突破。由于最初实施该标准时存在大量的问题，联邦环保局颁布了一个法令，规定由自然资源保护委员会来管理有毒有害污染物。这个法令要求联邦环保局使用最佳可得技术标准来颁布排放限额以及 21 种新污染源的排放标准。这个法令被纳入了 1977 年的《清洁水法》修正案。《清洁水法》修正案第307条第1款第1项特意规定了有毒有害污染物清单。每个在清单上的污染物都有一个基于最佳可得技术排放限额。这些要求也可以在第307条第1款第2项以及301条第2款第2项第1目中体现出来。出于谨慎的目的，联邦环保局可能会在留有“足够的安全余地”的原则下颁布更为严格的排放限额。第307条同时规定了废物的前期处理标准(除了工业废物)，这些废物被规定排放到市政废物处理系统而不是直接进入国家排水系统。这些前期处理措施清除了污水中的部分有害物质，这些有害物质可能在公共的设施中难以完全被清除或者可能会破坏这些设施。

1987年《清洁水法》被再次修改，这次修改是在《水质法案》的推动下进行的。尽管有以最佳可得技术标准为基础的排放限额规定，国会还是开始担心现实情况无法满足水质标准。特别是，大量的有毒有害物质频发地需要更加严格的控制。1987年修正案增加的第304条第9款建立了一个有毒有害物质控制的综合系统。各州开始意识到，两年时间里，这些事故频发地——因为有毒有害物质的存在，以技术为基础和以现存的水质为基础的控制区域的水源无法达到水质标准。这些州必须要开始统计阻碍目标标准实现的特殊污染源总量以及每个污染源排放的有毒有害污染物总量。在这些统计工作结束后，各州必须为每一个事故频发地区的污染源制定相应的控制规划，并在该规划实施后的三年内实现控制目标。

另一个与水污染相关的法律规范是《安全饮用水法》(SDWA)(见《美国法典》第42卷第300条第6款至第300条第10款第26项)。这一法案在1986年和1996年进行了两次大规模的修订，其要求联邦环保局颁布最严格的标准来杜绝公用水系统出现污染物的现象。同时对来自地下的污染源所排放的有毒有害物质给予特别的关注。据1984年国会技术评估处的一份报告称，他们在用作公共饮用水中的地下水源中辨别出200多种污染物，其中的许多污染物都与癌症有关，它们能破坏中枢神经系统以及肝、肾。这份报告提供的文件和证书证明了一些有毒化学药品污染物引起了严重事故，包括杀虫剂和其他废物，有些是从垃圾垫土中渗漏出来，有些是从地下注井排放出来，至少有34个州都有这种情况。

《安全饮用水法》要求联邦环保局为饮用水中的污染物颁布一个以健康为基础的标准，并且要求饮用水供应系统的管理者尽最大的可能来使用经济和技术上可行的技术来实现目标标准。联邦环保局对各州的实施情况都负有责任，各州颁布的饮用水标准不得比国家的标准低且必须要有完善的监督和强制执行机制。

联邦环境保护局已经制定了一个特别管制项目，用以专门处理地下水中的杀虫剂污染。这个项目的依靠是各州杀虫剂管理计划和联邦地下水水质标准。该项目的主要联邦法依据是《联邦杀虫剂、杀菌剂与杀鼠剂法案》和《安全饮水法》。

3.4 环境保护中的经济刺激

在前面各节中，我们讨论了消除污染所需的费用和缺乏技术等对环境保护所起的限制作用。本节讨论政府可以通过干预市场的方法来促进环境保护。主要办法是使那些造成环境破坏者承担更多的不作为费用。

经济学家们倾向于一个竞争的、自由的市场是分配各种稀缺资源的有效途径这一观点，因为，对于整个社会来说，只有当价格能充分反映生产成本和效益时，市场机制的作用才是正确的。正如上文所述，能使得市场机制不正常的两个因素是与“外部不经济性”和“公共物品”这两个问题有关的。污染是外部不经济的一种普通形式，是生产的一种“溢流效应”，它能使其他资源退化并逐渐消耗殆尽。所谓“公共物品”是不具有专属性和排他性的一种产品，在向某一些特定的人供应这些用品时，也不能阻止其他人也同时享用。公共物品的一个例子就是在大的发电厂或者新的机动车辆上安装空气净化装置而生产出的清洁空气。

由于自由市场不能提供足够的经济刺激，因此，必须由政府对此加以干预，以限制外部不经济及鼓励公共物品的生产。其基本途径是：①其财产受到损害者有权得到损害赔偿和请求发布禁令的救济；②直接管理，如据《清洁空气法》规定颁布的各种排放标准；③补贴，即政府对避免外部不经济的支出及生产集体用品所花费用提供某些补助；④收费，对造成外部不经济或不提供公共物品的一些活动征收费用。

恰如我们已讨论过的，通过采用普通法中的侵权诉讼和政府的直接管理来控制污染存在着一些问题。业已证明，普通法中的侵权法无力控制由众多污染源造成的大范围的环境污染。即使原告能满足诉讼资格的要求并能承担举证责任，证明他所蒙受的物质上的损害是由被告的不当行为造成的，法院还是常常会进行权衡，即在对同意或者否决这种补救将使诉讼双方各自承担的经济负担加以考虑后，拒绝采用发布禁令的补救办法。此外，普通法中侵权法也不能为排污监督提供一个系统的办法。因此，相反的，直接管理倒还是比较系统的。但是，它却需要花费大量的行政管理费用，因为，直接管理方法需要对整个工业界的经济加以分析，掌握生产技术和污染控制技术，对完全不同的工业生产工艺加以分类以制定各种适宜的、各不相同的控制排污的标准。我们已经看到，通过这种复杂的程序制定出来的各种法定标准常常被人们在法院提起指控，理由无非是，它们未体现最佳可行技术或不满足其他的一些法定标准。在采用这种直接管理办法的情况下，迟迟不执行有关规定者所获得的利益与自觉遵守这些规定者所花费的费用相比的差距如此之大，以致存在各行政管理机构面临着不得不对某工业行业的大部分厂家采取行政强制手段的可能性。

在环境管理中采用典型的补助方法是减免税收(加速折旧和发放信贷)、发放低息贷款、为各种废弃物处置设施的安装提供补贴。但是，这种补贴只是设备费用的一部分，虽然它能使安装者减少贷款额，但它确实不能使安装处置设备产生效益。简言之，补助只能使各种法定的计划招人喜欢，但它决不能代替这些计划。进一步说，补助仅仅是对设备投资给予了某些刺激。在很多情况下，减少排污的最有效的办法是改革生产工艺，回收各种物资，从副产品中生产可上市的产品或改变所用原料的特性或质量。

由于前面所述的三种政府干预形式有这样或那样的一些缺点，因此，经济学家和其他的一些人已对排污收费和排污许可证交易表现出了越来越浓厚的兴趣。

3.4.1 排污收费和超标惩罚

一个纯粹的排污收费制度要求任何人为他向大气或水体排放每一单位污染物而支付排污费或者排污税。然而，减少排污量的 90%，对于某些工厂来说，所花费的费用相对较少，而对于另一些工厂来说，可能要付出高昂的代价。因此，有人争辩说，与其采取像现在这样的以统一标准为据的管理制度，不如采用一种可变动的标准，将消除污染的工作集中到那些所花费用较少的污染源上去。每个企业都应当将污染减少到这种程度，即它再多消除一个单位的污染量所需的费用和其他企业要消除同样污染所需的费用相等。由于每一个单位的污染量所征收的费用是固定的，因此，每一个排污者，如果他理智地行动的话，就必然会选择将污染消除到再多消除一个单位的污染量所需要的费用高于应缴排污费的程度。收费越高，工厂愿消除的污染物的百分比也越高，虽然，那些所需控制费用低的工厂消除污染物的百分比可能大大地超过其他那些控制费用高的工厂。

在确定排污收费的收费标准时会遇到一些问题。理想的情况是，立法机构或行政机构应当迫使从事了损害环境的行为者承担此行为所产生的全部外部费用或者全部社会费用。另外，污染者还应当为他所消费的所有资源支付费用。但是，要算出社会损害的总额是极其困难的，甚至是不可能的。因此，就必须考虑确定排污收费额的其他公式。已经提出的一个建议是，以不同工业行业控制污染的平均费用作为收费标准。另一种建议则很简单，就是以实践中消除每单位污染物所需费用作为收费标准，也许在经过一段时间，取得了经验和教训之后，排污收费给污染者以足够的刺激，促使他们将排污总量减少到社会所能接受的水平。

许多人对排污收费制度的可行性持怀疑态度。他们认为，要测定每个污染源所排出的应收费污染物的量是十分困难和成本高昂的。确实，如果采用其他一些控制污染的方法，如直接管理，虽然也要求对污染源的污染物进行监测，但是并不要求每个污染源都进行连续的监测。直到现阶段，这些必要的监测技术才在真正意义上发挥了功效。很显然，排污收费的方法不得不在某种程度上受到在进行排污监测时所遇到的一些技术上和经济上的可行性问题的影响，因而，可能会使这种制度与上述理想的方式有较大的差距。

尽管各私营企业公开宣传自由市场制度，但是，他们还是排污收费制度的最强硬的反对者，因为，他们中的许多人认为，在现行的排污管理下（如财产权、直接管理和补助），他们的日子要比在一个有效的排污收费制度下好过得多。但是，在将这两种制度加以比较时，一定要考虑实现标准的可能性。在排污收费制度下，如果排污监测得到了切实的解决，那么，几乎可以肯定每一个工厂都不得不支付排污费或者投入资金来消除污染以减轻应缴的排污费。在直接管理制度下，由于强制执行是复杂而又效率低下的措施，因此，企业往往决定要么不花昂贵的控制费用，要么推迟应达到管理要求的最终期限，以便从中获益。

《清洁水法》之所以要对不达标者课以惩罚的目的就在于不让污染者从推迟达标的做法中获得经济实惠。1977年新增加的第120条规定，联邦环保局或各州应当对下述企业的每一个所有人和经营者进行估算并课以不达标惩罚：①未达到某个州实施计划的“主要”固定污染源；②未达到“排污限额”“排放标准”“实施标准”或者其他据第111条和第112条而规定的要求的固定污染源;③虽持有延期许可证、许可命令、终止许可证或者其他批准文件,且这些文件的有效期又未终止,但不采用任何适当的临时控制要求或者不执行控制时间表的固定污染源。根据第120条的规定,所估算的罚款总额应相当于“不少于该污染源的所有人,由于延期达标而获得的经济利益”,包括投资和运行费用之和减去为使该污染源能达到和保持达到这些标准而实际上应支出的费用额后的值。据第120条规定,颁发的支付不达标罚款的命令和支付不达标罚款的通知都是附在据《清洁水法》或地方法律的规定对违法者科处的民事处罚和刑事处罚中的。

1987年《清洁水法》修正案的结果是将行政处罚的数额提高到250万美元。罚款数额是根据各种各样的因素确定的,其中一个因素是“超标者的经济和存款能力”,这些行政处罚与《清洁空气法》中超标处罚相类似。

值得注意的是,在纯粹的排污收费制度下,根本不要求排污者限制他的排污量,只要他愿意支付排污费,那么,他排多少污染物也是合法的。而在只超过法定的排污标准才征收排污费的制度下,情况则不是如此。纯粹的排污收费制度的另一个方面,对于每一个排污者来说,总是有某些经济刺激促使他不断地减少排污量,直至到零。然而,在一个纯粹的行政管理制度下或者在直接的管理和对超标的排放才收费的综合型管理体制下,就没有这种连续性的刺激。

3.4.2 许可证交易(排污权交易)

近几年来引起人们注意的另外一种经济刺激方法是通过公开地签发允许买卖的排污许可证来分配排污权。这种排污许可证可以卖给其他排污者或未来的排污者,也可以卖给那些本不是排污者而仅是为了投机或者为环境主义的目的参与这种交易的人。大多数人建议把许可证的有效期限定在一定期限内,如五年、十年之内。意欲获得排污许可证者可以通过数种途径获得。排污许可证可以在现有的污染者中间进行分配(免费或者有价),也可以在诸多申请人之间通过拍卖或抓阄的方式加以分配。一旦排污许可证已被进行了第一次分配,那么,它们就可以买卖了。排污许可证在自由市场上的售价与官方所规定的排污费相当。

这种许可证买卖制度,像纯粹的排污收费制度一样,能给减少污染物的排放以连续的刺激,因为,保留不必要的排污许可证将使资金呆滞,而卖掉它们则能获得进一步发展所需的费用。这种买卖的许可证制度与排污收费制度相比,有两个明显的优点:第一,可买卖的许可证制度避免了在上一节中讨论过的,即如何将排污费规定在一个适当的水平上的问题,政府只需要在初次出售排污许可证时规定一个价格(如果真的需要这样做的话),如果说政府所定的价格与市场价格相比是错的,那么,在该许可证被再次卖出时,就会自动地得到调整;第二,即使政府所定的价格是错误的,或者甚至该许可证在市场上的售价也是错误的,所允许的排污量还是有固定的限额的。超标排放以及对环境造成危害的行为,像在排污收费制度下一样,也是不合法的,但是,这种情况只有在严重违反了该许可证中规定的法定排污限额时才会出现。

在许可证从一个地理区域被转移到另一个地理区域的情况下,例如,从一条小河的这一端转到另一端,或从某个大气环境质量控制区的这一部分转到另一部分,必须根据该许可证签发机构所规定的兑换率加以兑换,这种兑换率是该许可证签发机构为确保不使该地区的大气和水环境质量降至规定的标准之下所确立的。例如,同样多的生物化学需氧量,排入某河流B段时将造成的危害是排入该河流上游A段时所造成的危害的两倍,那么,同一个许可证,在排污者向A段排污时,可能允许每天两磅,而向B段排污时只允许每天一磅。对是否恰当的地区差别和所允许的排污量的差别的规定,将能给大气环境质量和水环境质量提供更切实的保护,但是,它也会使许可证的交易复杂化及可能损害各许可证的销售量。

执行可出售的许可证制度的最具雄心的努力是关于《清洁空气法》中的酸雨条款。1990年以前,该法案在处理酸雨问题上毫无建树。法案中的两个条款,第110条第1款第2项第23目和第126条授予环保局在防治州际之间的污染方面的权力有限。然而,环保局拒绝行使这一有限的权力,这一观点得到了法院的持续支持。联邦环保局直到2000年才对第126条所授予其的权力进行有意义的实践,也就是在对处于一氧化氮排放口下风向的各州的申诉回应中进行了实践。联邦环保局对处于排放口上风向的各州的排放量进行了限制,并在现有的污染源里按照比例进行了排放量的分配(除排污量小幅度的上涨时)。各污染源可以在许可的排放总量范围内进行交易。在随后审理的Appalachian Power Co. v. EPA, 249 F. 3d 1032(D. C. Dir. 2001)案中,法院支持了联邦环保局的决议。

在Appalachian Power案中,联邦环保局制定"总量—交易计划"的权力得到了法院的认可,但在几年后发生的相似案件中,即North Carolina v. EPA 531 F. 3d 896(D. C. Cir. 2008)(per curiam)案中这一权力又受到了冲击。联邦环保局颁布了意在减少上风向排污口对下风向未达标区域影响的《州际清洁空气法案》。法院认为联邦环保局未能明确处于上风向的各州到底对处于下风向的未达标区域造成了多大的影响,同时也没能明确处于上风向的各州到底需要以何种技术并减少多少排放量来“接近最终的目标”。联邦环保局不能“以另一个州减少排放量为代价来实现其他州的排放标准”。简而言之,联邦环保局可以制定“总量—交易计划”,但是这一计划必须在联邦环保局执行的法定特殊要求的范围内。然而,在诉讼双方当事人都不要求对《州际清洁空气法案》整体进行否决时,法院却使得这个法案处于悬而未决的状态。

与这些行政管理项目不同的是,有关酸雨的“总量—交易体系”是由成文法加以规范的。在 20 世纪 80 年代,酸雨问题引起了环保人士和公共部门的注意。然而,在里根政府管理期间,国会和政府在这一问题上存在着争议。直到 1990 年《清洁空气法》修正案的通过,国会和政府之间的僵局才最终被打破。修正案的第四部分致力于酸雨问题的解决,其提出了一个解决酸雨问题的全新方案。

这一方案是以污染物排放许可为基础的。排放物许可可以由发放者储存或出售。一个排放许可相当于 1 吨排放物。其效用是保证二氧化硫排放在许可范围之内,许可的排放量大多基于以前的排放量和燃料的消耗,但是也有额外的以各种目的为理由的许可排放量。例如,1995 年至 1997 年期间,已有 20 万个额外排放量许可被发到伊利诺伊州、印第安纳州和俄亥俄州的发电厂。

到 2000 年,该法案规定建立一套复杂的初始分配制度,把二氧化硫的排放限制在 890 万吨。整个过程可分为两个阶段。第一个阶段，法案中列出的100多个工厂必须满足每百万英国热量单位释放出的二氧化硫不超过2.5磅这个标准。涉及的111个通用发电厂，当前每百万英国热量单位释放的二氧化硫都超过2.5磅。（例如，在亚拉马州的卡尔博特电厂一号电机，已被给予第一阶段许可排放量13570吨。）这一标准必须在1995年兑现，那些使用涤气器达标的工厂最迟到1977年必须兑现。这些规定旨在鼓励使用涤气器，借此，至少可以为东部高硫煤保存部分市场。

第二个阶段要求排放再减少50%。大型的以及控制污染设备较差的工厂必须减少排放到120万磅/百万英国热量单位。同时，为小型工厂的减排建立了一个复杂的公式。最后的达标期限为2000年。全部的排放总量每年不能超过890万吨，但是，前10年，环保局储备有50万额外许可排放量。另外，还有4万许可排放量可以给发展较快的州。使用新的净化煤技术单位的许可证有效期可以延长4年。

污染物排放量的分配制度在一定程度上休现了经济学家对效率的关心。然而，污染物排放许可制度似乎已被用于区域性利益平衡，只有投资较大的公用事业才有能力支付其部分支出。初始分配的排放量过大，一些公用事业单位发现控制排放量小于它们初始分配获得的排放量，出售剩余的排放量成为可能。至少，其中部分许可排放量会被新建公用事业工厂买去来保持工厂运作，或者帮助老工厂来支付它们投入到排放物控制上的费用。

当芝加哥贸易董事会投票决定建立一个二氧化硫排放许可证交易的私人市场时，二氧化硫排放许可证交易市场才真正建立起来。在经济转型的背景下，在控制酸雨的花费上，许可证交易制度取得了成功。《京都议定书》中也为二氧化碳的排放建立了一个相似的市场交易系统。当国会颁布气候变化法案时，这一市场化的手段也极有可能会被采用。同时，联邦环保局在假定将温室气体纳入污染物的背景下，试图在《清洁空气法》中建立一个相似的市场化管理体系。

第 4 章 风险管理和科学上的不确定性

本章将要讨论作为特殊问题的有毒有害物质立法的性质和范围。首要问题是，对接触少量有毒物质所产生的长期健康影响，在科学上普遍存在不确定性。面对这一不确定性问题的解决，行政机构或诉讼任何一方都无能为力，因此关于风险评估、因果关系、假定、取证、责任分担以及司法审查的范围等问题就变得至关重要。

4.1 风险评估与风险管理简介

风险评估是运用科学依据确定由于接触某种事物对个人或群体所产生危害的概率。风险管理是解决已被确定存在某种风险的决策程序。风险管理包括根据社会、经济与政治因素考虑减少风险的技术可行性。

风险评估有三种形式，即影响健康的短期风险（如食物中毒）、影响健康的长期风险（如癌症，也是本章重点关注的对象）以及生态风险（如全球变暖）。这些评估借助了多种方法来进行工作，包括了从实验室里老鼠试验到山间地头的各种方法。这些评估的结果是确定有无风险的分水岭或者作为一个精确到小数六位数的定量分析依据。

在经过对一个特殊的因素进行调查之后，联邦环保局可以运用风险评估来预测癌症发展的可能性。致癌因素的风险评估包括四个阶段:①危害识别;②剂量反应评估;③受影响评估;④风险特性描述。危险识别是确定一个因素(例如,一个工厂排放的化学品)到底能否增加个人患癌风险的程序。剂量反应评估揭露了在何种水平下,患癌的可能性会发生改变。例如,评估机构需要确定吸入多少颗烟会导致肺癌的发生。第三个阶段,受影响评估,需要确定人们已经在多大程度上受到了致癌因素的影响。这项评估可能需要确定在工厂附近的个人每天吸入的空气中化学污染物的含量或者确定个人每天摄入的营养量。在第四个阶段,上述评估所得的数据会被整合成一个总的风险评估。风险特性描述往往是由于暴露在某一特定的环境中对患癌风险增加的定量分析。好的风险特性描述不仅包括最终的风险系数,还应当包括论述中的不确定性以及评估中的假设。不幸的是,目前这些论述中往往不包括这些不确定性与假设。

实践中,把风险评估从风险管理中分离出来并不容易。因为应当在风险管理中考虑的人类或社会价值观念也同样会影响到风险评估。例如,在实验的动物身上用一种化学品做实验以确定其是否会引起癌变,结果发现有些受试验的动物的确会长出肿瘤。为了确定人类接触此类化学品发生癌变的风险得出一条“剂量反应曲线”,按规定应采取很多个步骤,而每一步骤通常会存在较大的不确定性。因此,实验中动物接触化学物的剂量极大,而人类的环境性接触一般说来要低得多。要确定人类的剂量反应曲线,就必须从高剂量的实验室数据进行外推。这种方法已有各种各样的统计模型,且都可与数据拟合,但疑点甚多,能得出完全不同的预测结论。除此之外，也有必要从动物癌变数据外推至人类癌变水平，并解决人类接触水平上的不确定性。风险评估中所固有的这些不确定性问题在大多数案例中导致了差异巨大的风险评估。因此，全国科学院的一份关于糖精的报告中指出，在一个为期70年的阶段中，人类进食糖精而发生膀胱癌的发病人数从0.22万人增加到了114.4万人。这个数字范围对决策者来说作用有限，所以风险评估者可能想要将其再缩小一些。然而，缩小到何种程度则取决于这位科学家的个人品性、专业经验及价值观。

直到今天，根据现有统计模型预测结果，化学药品不会引起癌症，除非人们暴露在一定的剂量水平下才有可能受到影响，这种统计模型还一直没有得到科学界的普遍认可。因此，对可疑的致癌物的管制，应该假定风险在低剂量的环境之下即可产生。也就是说，至少一些危害是与某些接触有关的。然而，在已知的致癌因素的门槛中，这些保守的"预设"没有被接受。也就是说现有最佳的技术显示，在一个确定的剂量的水平下，不存在任何致癌的风险。具体内容见 Chlorine Chemistry Council v. EPA，206 F.3d 1286 (D. C. Cir. 2000)案。

关于风险管理的一个基本事实是，"安全"环境与"零危险"环境之间是存在区分的。我们在生活中都遭受着许多种风险。例如，像地震和各种疾病，这都归咎于自然，然而还有其他风险，诸如车祸以及核电站的事故，这些都归咎于人为因素。因此，在大多数环境中，"安全"并非绝对的，也必然会带来"可接受层次"上的风险。究竟由谁来界定这个层次？在某些情况下，可以由风险管理专家做决定，而在其他情况下，也可以由行政程序来发挥作用。

有选择地规避某些风险可能会招致更大的风险。例如，适用新的疫苗会带来一些风险，但是决定不用疫苗可能使整个社会冒更大的风险。因此，公共风险管理的目标应该减少与风险相关的代价，而不是彻底消除。

技术专家倾向于把各种技术风险按每年的事故估计进行分类。然而，在判断风险的严重性时，业外人士考虑的许多因素有：诸如非自愿接触、后续恶果、与公共危害相对的恐惧以及不可逆转的后果等等。公众比专家更关心的风险是那些具有灾难性潜力的、不熟悉的、不可控或非自愿地威胁人类几代人的风险，那些是在时间或空间中积聚灾难的风险，那些极具威胁而又不为人类广泛负担的风险以及那些人为而非自然的风险。

这些流行的观点可能是不理性的，但是却代表了合法的价值取向。例如，出于对自愿的尊重，我们最起码要潜在地关心社会中每个人的自我、平等和权利。在风险评估中，人们极端地厌恶风险的潜伏性和不可回溯性，因为潜伏性使得现有的知识对风险预防无可奈何，而不可回溯性使得风险控制超出了人力可及的范围，实际上这两者都破坏了人们自由选择的权利。人们只对人为风险负责而不对自然风险负责直接导致了人们对人为事故抱有偏见而不对自然事故抱有偏见。最后，业外人士惧怕灾难性的事故是由于其认为整个社会或者各代人之间不能均等地承担风险。

在一些经济学家和政治家提出的“边际成本适合，且风险相抵”的要求下，决定何种风险需要约束，何种风险可以适当放开始终存在一定的压力。这一原则的拥护者认为，风险只有在其产生的经济成本大于经济效益时才需要加以约束，然后只要将边际成本保持与边际效益相等的局面就可以。自有限的公共资源开始约束被规范的风险时，这些有限资源的干预就应该要实现利益最大化。成本收益分析的批评者认为，对拯救生命，保护健康和生物多样性进行物质化的评估缺乏可靠性。除此之外，成本收益分析（专家所做的）没有考虑到专家和公众所提到的风险种类存在的重大差异，就像前文所讨论的一样。

4.2 对存在不确定性的风险管理的司法审查

4.2.1 下级法院的判决

涉及科学上的不确定性这一问题的主要案例是 Reserve Mining Co. v. EPA，514 F. 2d 492（8th Cir. 1975）案。本案中，Reserve Mining Co. 将大量的矿渣倾入苏必利尔湖。在这种矿渣中含有石棉，众所周知，一旦吸入石棉便有可能引起癌症。地区法院向该公司发布了一个禁令，令它立即停止继续向苏必利尔湖倾倒该矿渣，这实际上就等于令该矿山的有关设施关闭。该公司上诉至第八巡回法庭，该法庭考虑了以下三个问题：①摄入石棉纤维与吸入石棉纤维是相反的，是否也会危害人体健康；②此种危害是否已严重到应当加以司法审查的地步；③应采用什么方式予以救济。

在考虑是否存在危害健康的风险时，法院认为缺乏科学证据来证明存在风险。地区法院组织了一次对长期生活在杜鲁斯的居民的肌体组织的研究工作以确定这些人的肌体组织中是否有石棉纤维的存在。原告的首席医学证人作证说，如果石棉纤维真能被肌体吸收，那么，法院所从事的研究应该能发现人体的组织中有石棉纤维的存在。他解释说，被研究的那些人已饮用杜鲁斯的水至少达15年之久，且他们所饮用的水是从苏必利尔湖流出的，含有相当多的石棉纤维。然而，该项研究证明，杜鲁斯居民的肌体组织中所含有的石棉量并不比休斯顿的居民的肌体组织中所含的量多，而休斯顿的水中根本就没有石棉纤维。而且，为确定所摄入的石棉纤维能否进入全身各组织而进行的动物实验也没能得出肯定的结论，实验所得结论又是相互矛盾的。另一方面，有足够的证据可以证明，暴露在石棉尘中工人患肠癌和胃癌的比率略有增加。据专家证明，一种可能的解释是，工人首先吸入石棉尘，随后又咳出来再咽进消化道中。综合这些证据，法院最多能得出下述结论，即公开暴露在石棉尘中会“造成对健康的威胁”；法院不能得出“有害的可能性大于无害的可能性”的论述。

法院所面临的下一个问题是，所揭示的这点危害是否已能充分地满足《清洁水法》规定的要求。该法授权联邦政府可以为了禁止向州际水体进行“危及……公众的健康或福利”的排污而提起诉讼。法院在对该法的规定加以认真考虑后认为，该案中的证据足以满足确定该排污是危及公众健康的排污的要求。

最后一个问题是采取何种救济形式。地区法院已发布了一个立即停止排污的禁令。但是，上诉法院考虑到受害证据毕竟不是十分充分的，如果关闭该工厂，工业界和公众都将为此付出高昂的代价，该公司已表示愿花2.43亿美元的投资以求更安全地处置这些物质，因而认为没有必要关闭这个工厂。法院在对各种利弊加以权衡后，决定给该公司一个合理的期限，以使它能停止向苏必利尔湖排放各种废弃物。

哥伦比亚特区巡回法院在对Ethyl Corp. v. EPA, 541 F. 2d 1 (D. C. Cir. 1976)案的判决意见中支持了对Reserve Mining案所做的判决。该案涉及《清洁水法》第211条第3款第1项第1目的规定。该条授权环保局对那些其排放物“将危及公众健康或福利”汽油添加剂加以管理。环保局在据此授权采取行动后认定,汽油中的添加剂铅是具有对人体健康“造成严重的危害的风险”的物质并为此发布了一个限制在汽油中加铅的禁令,恰如在Reserve Mining案中一样,法院在本案中也面临了科学上的不确定性这个难题。众所周知,铅是有毒的,而且可以通过呼吸被人体吸入体内。然而,由于人们暴露在从各种各样的污染源排入大气中的铅中,法院就很难确定,是否是由于汽油中所添加的铅排入大气后,使大气中的铅的总量增加,而导致对人体健康造成了严重的影响。法院支持环保局的下述观点,即危害公众健康的风险的评估问题不是一个简单的事实认定问题,而是一个对政策的理解问题。法院对环保局的上述论断表示了相当大的尊重并解释说:

与环境保护有关的一些问题都具有特别的不确定性,人类利用各种技术,以从未有过的或从未预期到的方式改变了他们所生活的世界,这种改变对健康产生何种影响常常是不知道的,有时,甚至是根本不可知道的。在国会已颁布了规定应防止因环境的重大改变而危及公众的健康的立法后,受托负责实施该法的管理者并未被赋予应从他们的决策过程中消除一切疑问的义务,相反的,臆测、矛盾及理论上的推算等是他们每一步行为的共同特点。此外,他们虽然受命保护公众健康,但却只有极少的资料或者根本没有资料可做依据,在这种情况下,不如此行动又能如何?

毫无疑问，所谓确定性是一种科学的理论，即某事物的存在应能够达到科学上能确定它的存在是真实的这种程度。但是，要在极其复杂的环境问题上得出具有确定性的结论，事实上，只有在科学家们有机会对全部机制进行从容的和专门的研究才有可能。等有了确定性的认定后才去管理的想法，只能带来被动性的、补救性的管理而不是预防性的管理。原告们提出，任何未能确定的东西，即预测和估计都是不负责任的。但是，当各种法律正在努力避免发生环境灾难时，对于那些尽管缺乏确定性但却具有预防性的决定这样吹毛求疵难道又是合理的吗？

于是，法院的结论是，如果某个法律从本质上来说是预防性的，证据还有赖于科学的继续发展，且管理的目的又是为了保护公众健康，则不必要求负责实施该法律者在采取每一种措施时，在因果关系上一步一步地严格举证及确定他所采取的措施的影响。因此，环保局可以根据他所具有的经验，从各种可疑的、尚未完全确定的事实中，从事实的趋势中，从理论上的推断等等中，得出自己的结论。

很多下级法院在它们的判决书中采用了上述处理方法。例如，在哥伦比亚特区巡回法庭所审理的 Lead Industries Association, Inc. v. EPA, 647 F. 2d 1130(D. C. Cir. 1980)案中，该法院确认了一个“体现安全余地”、关于铅的“一级大气环境质量标准”。环保局在确定“安全余地”时，未考虑其可行性和所需费用，而且损害的证据也是不明确的。但是，法院还是认为，可行性和费用与此无关，环保局在确定安全余地时的做法是恰当的。法院解释说，采用安全余地的做法是一种防止那些尚未为科学研究所揭示的、其在医学上的意义尚不清楚的或尚在争议之中的造成危害后果的重要方法。法院还进一步解释说，国会近年来已承认，在大气环境质量标准中所留的安全余地，常被事实证明是很不充分的，甚至是几乎不存在的，各种新的情报资料业已证明，当大气质量达到曾被认为无害的标准时，仍然产生了有害的健康影响。法院还重申，应当尊重环保局的专家们对这些问题所做出的判断。最后，法院认为，“安全余地”的要求应当在管理过程中的各个环节上，通过制定各种保护大气质量的决定的办法并予以落实，而不是应当仅仅采用在确定一个安全基准后再加上一个所谓的安全余地的百分比的办法来解决。

总的说来，这些下级法院的判决都对环保局的专家们所做出的判断表示了极大的尊重。这些下级法院在处理涉及有毒化学品问题时，都很少考虑费用和可行性问题。最后，这些法院认为，没有确认有害影响大于无害影响的行政行为是正当的行政行为。他们的结论是，只要有发生危害的合理的可能性，依法加以干预就是正当的。

4.2.2 联邦最高法院的判决

最高法院仅审理了两起有关有毒化学品的案件。最高法院的处理方式与下级法院审理案件的处理方式存在着很大的差异。在我们讨论这些案例之前，我们需要注意的是这些案件出现的背景与大多数环境问题出现的背景并不一样。最高法院所审理的这两个案件都涉及由职业安全与卫生管理局所负责的劳工保护问题。因此，这两个案件所涉及的是特殊种类的环境问题，因为该诉讼中所涉及的环境不是一般公众所享有的环境。

在职业安全与卫生管理局案中所遇到的政策问题与一般的环境案件中所遇到的政策问题不尽相同。首先，人们暴露于此种风险中是更多地出于自愿，不像人们暴露在其他风险中那样是迫于无奈；其次，在造成该污染者和污染受害者之间进行谈判的可行性要比在一般的环境污染案件中在加害人和受害人之间进行谈判大得多。尤其是，在受害人，即雇员们，由工会组织代表他们去谈判时更是如此。因此，这种“私了”所需的费用有时是很少的。最后，产生此危害的企业的经济情况对这些可能的受害者的影响要比在一般环境案件中大得多，为了停止侵害而令该工厂关闭的做法，总的说来，是不能为这些工人所接受的。此外，对该造成侵害的工厂采取其他可能严重威胁到这些工人们继续就业的处理办法，通常也是不能为工人们所接受的。鉴于以上种种原因，在此类案件中所采用的权衡保护工人免受此风险和所需费用之间的利害关系的办法，可能就应当与在一般的环境案件中所采用的办法有所不同。

此外，这类法律规范大都是调整劳工保护等问题的，往往与环境保护无关。明确与有毒物质有关的规定仅为《职业安全与卫生管理法》第 6 条第 2 款第 5 项，见《美国法典》第 29 卷第 655 条第 2 款第 5 项。该款规定，管理机构应当为各种有毒物质规定“最充分地确保在最可行的范围内，任何雇员不致遭受健康上的或行为能力上的严重损害……”的标准。最高法院有几位法官认为该法中的其他条款，如第 3 条第 8 款，见《美国法典》第 29 卷第 652 条第 8 款，也是与防止有毒污染物有关的。该条将“职业安全和卫生标准”简单地定义为是“在其中规定了合理的或适宜的为职工提供了安全的或卫生的劳动场所”的标准。这些规定与《清洁空气法》和《清洁水法》中的类似规定相比，其含义是含糊的，因此能提供的指导也少。总之，在保护环境的这个领域里，这类法律规范的内容和政策选择，看起来都是不典型的。

最高法院首次接触的有毒化学品问题是 Industrial Union Department，AFL－CIO v. American Petroleum Institute，448 U.S. 607(1980)案(该案一般被称为苯案)。此案涉及一个由职工安全与卫生管理局颁布的管理制苯业的条例。苯是已知的致癌物，但是，暴露在多大浓度的苯中人才是安全的，这一情况目前又不得而知。劳工部长就以上述看法为依据规定工人所允许的暴露标准为百万分之一，且他认为这是最低的可行标准。职工安全与卫生管理局估计，要达到此标准所需的总费用为 2.66 亿美元，第一年的启动费为 2 亿美元及以后每年的运行费为 3400 万美元。大约有 3.5 万名工人将在此管理中得到恩惠。第五巡回法院以劳工部长所颁布的此条例含蓄地要求该机构做成本—效益分析为由，否决了此条例。最高法院在审理此案时，只有一位法官提及此条例，另一位法官则以宪法上的某些规定为由不同意对此条例加以审查，且该法院在另一个规范的问题上，形成了四票赞成、四票反对的僵持局面。

最高法院的法官意见是由 Stevens 法官所撰写的，还有两名法官对此意见全文表示同意，即 Burger 法官和 Stewart 法官，这两位法官在此案判决后不久就离开了最高法院，还有一位法官对此意见的部分内容表示赞同，即 Powell 法官，这位法官目前已退休。后来，在将《职业安全和卫生管理法》中的第 3 条第 8 款的规定理解成是对该法第 6 条第 2 款规定的限制的基础上，依据多数法官的意见对此案做出了判决。根据多数法官的意见，第 3 条第 8 款要求职业安全和卫生管理局颁布任何条例的前提都是做出了“存在着严重的危害风险”的认定。在仔细审查了有关记录之后，多数派法官注意到，工业界在争辩中说，该条例最多在六年中避免两人死亡，所以，他们认为，十亿分之一的风险是明显微不足道的，如果是千分之一的风险，那么就很可能被认为是重大的风险了。法院倾向于据工业界所提出的风险水平来确定该风险是否是重大的，因为，职工安全和卫生管理局本身未能做出对此事的认定，且大多数法官认为，这正是本案的症结所在。

该多数法官意见中花了很大的篇幅来反驳不同意见的法官们对他们的意见提出的下列指责，即如果采用这种处理方法，那么就意味着只有在死亡事故发生了之后，才能制定有效的管理规则。首先，多数法官们认为，什么才能构成严重的风险，这是由行政机构来做出判断的且必然会涉及各种政策性考虑；其次，多数法官注意到，行政机构所做出的认定不必由“任何已达到科学的确定性”的结论所支持。如果行政机构所做出的认定是据现在已被证实的科学知识而做出的，那么，就应当给行政机构以一定的裁量权，因此，持多数意见的法官们认为：

只要行政管理机构的考虑是为某些权威性的科学理论所支持的，那么，它们在对待与致癌有关的资料时，就可以自由地使用各种保护性的推测办法，即宁可保护过头也不要犯保护不足的错误。

首席大法官 Burger 也支持大多数法官的意见，但是，他也仔细地指出了多数法官的意见的一些局限性，根据他的意见：

认为劳工部长必须更小心、仔细地重新考虑他所采取的各种措施，这些措施不能被认为是对立法机构所拥有的自由裁量权的侵害，内政部长在提出事实、论据并对其加以正式的论证时，必须做出政策性判断，如确认某种损害健康的特殊风险，从该法的政策目标上看，是否属重大的风险。当他据国会委托给他的立法权，在其权力范围内行事时，他是在行使立法者才拥有的特权——把注意力仅集中到一个大问题的一方面或制定一些看起来似乎体现了不慎重的政策或不合理的资源分配政策的条例。同时，司法的职能不能延伸到对管理政策加以实质性的修改上去。

然而，首席大法官也指出“绝对的安全是一种幻想”；而条例也决不应当压制人们对不可能的事物加以研究和探索的权利。

Powell 法官是该法院中唯一提及成本—效益分析问题的法官。他同意大多数法官对该法的解释，然而，他还认为，该法要求管理机构比它现在所做的更多地考虑成本问题。

基于上述理解，这四位法官都对该法投了赞成票。决定性的第五票是由 Rehnquist 法官所投的，他是依据宪法做出自己的决定的。他认为，事实上，国会根本没有对制定条例提出什么应当遵守的要求。他相信，国会是不愿意简单地去决定保护人们生命和所花经济费用这两者之间谁轻谁重。Rehnquist 法官争辩说，正因为国会未对这些基本政策做出决定，因此，该法中委托该机构行使立法权的授权规定是违宪的。这个观点多少偏离了最高法院在半个多世纪来审判中所奉行的路线。这是最高法院自 20 世纪三十年代企图阻挠“罗斯福新政”失败以来，第一次以违宪为由否决一个制定法。具体内容可见 Whitman v. American Trucking Ass'ns, 531 U. S. 457(2001)案。

在持异议者中，Marshall 法官认为，令人难以置信的是，多数法官竟然将一个卫生标准的法定定义理解为是一个具有实体法意义的规定，即一个"为保护工作安全所合理的必要的"标准。在他看来，该法中与此有关的条款很显然是第 6 条，且该条的意义是很清楚的：在涉及任何有毒化学品时，部长应当规定一个"能确保不对任何雇员产生危险"的标准。Marshall 法官还进一步指出："在本案中，多数法官们对有关记录的讨论既是非常专横的又是极不公正的。"他认为，联邦最高法院剥削了该行政部门做出事实认定的权力，并对该部门所做出的决定的各个方面，实际上都做了歪曲性的理解。他最后说，"所谓的多数意见实际上是对这个管理纲要做出的极端的反应，恰如多数派法官中的成员已醒悟的，它给被管理的各工业强加了难以忍受的负担"。

很明显，该案的判决使制定法陷入了一片混乱中。法院中仅有四名法官相信，有关部门制定条例的前提是"存在着重大的风险的"认定，另外四名则不同意上述观点。另一名法官则认为根本不涉及此问题。而且，即使多数法官意见是符合该法律的原意的话，其含义也是不清楚的，特别是，他并没有规定应当如何认定"存在着重大的风险"。最后，我们认为，多数法官意见中说，千分之一的风险才可能被认定为"存在重大的风险"，那么，如果我们将此比率运用于美国的总人口，这样就意味着一个要死亡近 30 万人的风险才能算作是"重大的风险"。如此看来，在按多数法官的意见中所述的标准认定确实存在着一个"重大的风险"之前，还需要多少人为此捐躯。

最高法院在此领域的其他判决中也没能澄清这一问

题。American Textile Manufacturers Institute, Inc. v. Donovan, 452 U.S. 490(1981)是在“苯案”判决后一年才做出判决的。此案涉及一个管理棉尘的标准。棉尘能导致人患一种叫做“棉屑症”,即被大家称为“棉肺病”的疾病。最高法院在审理此案时所遇到的首要问题是:管理机构在颁发它所制定的条例之前,是否应当进行“成本—效益”分析。在由Brennan法官执笔所撰写的“法官意见”中认为,不必进行成本—效益分析。法院认为,所必要的仅是可行性分析,即证明达到标准是可能的即可,而不必对达到该条例规定所需费用和实施该条例将带来的获益加以比较。本案的第30个注释引用的是1972年颁布的《消费者权益保护法》而不是环境保护相关规范,最高法院认为,“在其他的法律规范中,国会已经使用了‘不合理的风险’等用语,结合立法背景来对此加以解释,我们可以总结出,在这些规定中已经意味着需要进行一定的成本—收益分析”。

最高法院仅在Textile Manufacturers案的两处脚注中提到了“苯案”,而且,由于在本案中,“风险问题”很容易地解决了,所以,法院对“苯案”所做的讨论也未能提供什么帮助。职业安全与卫生管理局已明确地发现:“暴露在棉尘中的工人的健康已受到了严重的危害”,得出上述结论的资料表明,纺织业工人中约有25%的人患有轻度的棉肺病,而且,即使工厂达到了所规定的新标准的水平,仍会有人约12.5%的工人患这种疾病。因此,新的条例将显著地减少这种疾病,正如法院所说的:“很难想象,该机构还要做点什么工作,才能符合法院在‘苯案’的判决中所阐述的观点呢。”

两个与职业安全和卫生管理局相关的判决表明，在《职业安全和卫生管理法》的约束下，危险和成本需要加以分开考虑，机构首先需要考虑目前的情况是否存在“重大的风险”，然后再考虑可行性的程度。

第5章 有毒化学品、转基因生物和有害废弃物

本章的第一、二和三节将讨论联邦对农药、其他有毒化学品以及生物科技产品方面的管理；第四节的第一、二和三部分将讨论对有害废弃物的管理；第四节的第四部分、第五节以及第八节将讨论有害废弃物处理场所以及由有毒化学品和有害废弃物所引起的人身和财产损害的民事责任；第六节将描述联邦在企业公开报告中的有毒化学品的目录、用量、制造和排放上的要求；第七节分析了在《资源保护与恢复法》《清洁水法》以及其他联邦环境法中的刑事责任。

5.1 对农药的管理

最早引起公众关注的有毒化学品是农药，这主要归功于蕾切尔·卡逊的《寂静的春天》一书。管理各种农药的联邦法令是《联邦杀虫剂、杀菌剂与杀鼠剂法案》，缩写为FIFRA。国会于1972年对该法案进行了修正，通过了《联邦农药使用控制法案》(《美国法典》第7卷第136条)，这一修正案分别于1975年、1978年和1988年多次修订。如今的《联邦杀虫剂、杀菌剂与杀鼠剂法案》在管理美国境内销售和散发农药方面制定了内容广泛的规则。

按照该法规定，除非联邦环保局已确定某一农药依照环保局规定的各项限制进行使用而且“使用方式得到了广泛而普遍认可”，并且“将不会引起不合理的环境危害”，否则环保局有权禁止该农药进入流通领域(《美国法典》第7卷第136条第1款第5项第4目)。“不合理的环境危害”的定义包括“通过综合考虑使用任何农药所产生的经济、社会以及环境方面的成本与利益，评估出的对人类和环境所造成的不合理风险”(《美国法典》第7卷第136条第2款)。法案严禁销售、散发与专业性使用任何未经注册的农药，且没有任何例外情形(《美国法典》第7卷第136条第1款第1项以及《美国法典》第7卷第136条第10款第1项第1目)。

作为注册的一部分，环保局必须把农药的使用分为“普通”使用或“受限制的”使用(《美国法典》第7卷第136条第1款第4项)。限定的范围包括下列因素：使用方法，使用者的限制，使用剂量，使用的地理区域以及要杀死的害虫种类。如果某一种农药和它适用范围类似于任何一种当时注册过的农药，或者使用方法相同，或者不同但不会严重危害环境，那么环保局可以“有条件地”给这种农药注册，如果这种农药含有活性成分，而这种活性成分是当前注册过的农药不曾含有的，那么这种农药可能会有条件给以注册一段时间，以获取新一批农药的注册要求数据。如果环保局判断，在那一段时间内使用这种农药没有引起环境方面的副作用，那么使用这种农药就不会损害公众健康(《美国法典》第7卷第136条第1款第3项第7目)。

注册后，农药仍然需要接受环保局的继续检查(《美国法典》第7卷第136条第4款)。确实，《联邦杀虫剂、杀菌剂与杀鼠剂法案》中的第6条要求环保局在农药使用5年(在这5年之内一直有效,如果再次注册,在随后的5年期间仍然有效)之后取消该农药的注册,“除非管理注册的工作人员或其他有利害关系的人员与注册人员意见一致同意……要求……注册继续有效(《美国法典》第7卷第136条第4款第1项)”。如果在环保局看来“这种农药没有遵守《联邦杀虫剂、杀菌剂与杀鼠剂法案》或者……普遍地引起环境的负面影响……”(《美国法典》第7卷第136条第4款第2项)。在任何时候,环保局都有权提议取消该农药注册,并开始履行详尽的撤销程序。

在注销程序悬而未决期间,注册仍然有效,除非环保局要求“立刻中止此种农药的注册”(《美国法典》第7卷第136条第4款第3项)。但是在中止之前,环保局必须测定,存在着“严重的危害”——也就是在办理注销注册程序期间仍在使用的农药将很可能导致不合理的环境危害……(《美国法典》第7卷第136条第5款)。只有“环保局测定,存在着紧急情况以致不允许注册人要求行政听证就中止注册”,才可能在行政程序结束之前禁止出售农药(《美国法典》第7卷第136条第4款第3项第3目)。

从商业方面看,未经注册的农药是普遍禁止销售的,但环保局仍可允许继续出售和使用其注册已被取消的库存农药,其条件是“它能够确定那种出售和使用与本决定的目的相一致,而对环境没有什么不合理的危害”(《美国法典》第7卷第136条第1款第1项)。

根据环保局与环保基金会争议过程中的意见,哥伦比亚特区巡回法庭创造了一套广泛的适用于《联邦杀虫剂、杀菌剂与杀鼠剂法案》的判例法。这些法院意见已经确立了许多规则，这些规则涉及终止和注销程序中的举证责任问题。一旦环保局决定发布一个注销注册的通知，就会出现有利于注销注册的推断。实际上，注销通知类似于颁布一个初步的禁止令，也需要公平对待各方主体。发布一个注销注册的通知，就表明了存在着实质性的安全问题，就要求在缺少利益补偿的情况下终止注册。（可以想象到，环保局可能会发现危害的证据，充分证明注销注册是正确的，但这并不能表明危险会立竿见影地显现出来。）如果①证据显示该农药不会带来任何利益，或②动物实验表明该农药会引起癌症，就要得出有利于注销注册的推断，环保局就需要终止该注册。更有甚者，如果证据表明一种简单的接触都是危险的，就可能得出这样一种推断，即所有模式都是危险的，直到相反证据出现。因此，如果吸入一种化学药品是有危险的，就可以判断，摄入这种化学药品也是有危险的。

尽管这些假定是在一系列案件的就事论事的基础上提出来的，但把他们放在一起分析，就会发现在这些案件的背后确有一些一致的基本原理。在各个案例中，法院一直持有这样的见解，一旦需要出示对健康危害的实质性证据，那么举证的责任就在制造商一方。一旦环保局发现足够的证据来证明农药具有危害性，注销注册的诉讼就可以开始了，继续注册的辩护人就有责任证明该农药的危害是最小的，或者证明使用这种农药的好处大于它的危害。

在实践中，《联邦杀虫剂、杀菌剂与杀鼠剂法案》规定，更加严格的州和当地的农药管理是有效的。具体内容见Wisconsin Public Intervenor v. Mortier，501 U. S. 597 (1991)案。然而，《联邦杀虫剂、杀菌剂与杀鼠剂法案》第136条第22款第2项规定州“不应该强加……任何关于例外情形或比本章规定更低的要求”。在 Bates v. Dow Agrosciences LLC，544 U.S. 431(2005)案中，最高法院审理了一起因贴错标签而导致的州政府侵权诉讼，根据田纳西州的法律，田纳西州种植花生的农民宣称他们的庄稼受到了一个名叫 Strongarm 的农药的损害。正如州法律所宣称的，得以驳回这个案件的理由是《联邦杀虫剂、杀菌剂与杀鼠剂法案》具有优先权，但是，法院认为只要州的标签法“是平等适用且效力是具有连续性的”，州的法案就应该得以延续。

尽管存在《联邦杀虫剂、杀菌剂与杀鼠剂法案》的要求，以及标准更严的州规范可以对一些情形添加附则的规定，但是农药的注销注册情形还是很少发生。例如，1995 年报道过，从 1970 年开始，加利福尼亚州总共批准了 10000 项农药注册，仅只有少于 50 项的注册被取消。这个报道的起因是联邦环保局撤销了一个暂时的禁令，允许在多个生长季节使用这种农药以耗尽其已有超过 200000 磅的库存原料。

属于农用商品的农药是依照《联邦食品、药品和化妆品法案》进行管理的(《美国法典》第 21 卷第 301 条)。环保局规定了作为美国境内消费商品的农药容许浓度；食品和药品管理局监督现行的农药成分，并有权没收不合标准的食品，这些食品不是含有已注册的农药浓度超标，就是含有未经注册的农药的不安全的残余(《美国法典》第 21 卷第 342 条以及第 346 条第 1 款)。根据《美国法典》第 7 卷第 346 条第 1 款的规定，环保局在确定某种容许范围内必须考虑，“生产适当的、有益健康和经济节约的供应食品的必要性”，以及对健康的影响。

在为自然状态下生长的农业产品确定农药使用量的范围时,《联邦食品、药品和化妆品法案》允许考虑在食品加工过程存在农药残留“流失”的可能。这种农药残留“流失”的可能只允许存在于食品加工过程中,而不能是在生食品中出现。(《联邦食品、药品和化妆品法案》第 342 条第 1 款第 2 项第 3 目。)在 1996 年以前,《联邦食品、药品和化妆品法案》第 409 条,即著名的“德莱尼条款”,该条款要求在食品加工后或者食品加工之中的农药浓度完全没有致癌的风险。在 Les v. Reilly, 698 F. 2d 985(9th Cir. 1992)案中,法院拒绝以“合理的风险”为由来明确“德莱尼条款”存在例外情形。法院认为,《联邦食品、药品和化妆品法案》无疑将农药残留作为了食品加工过程中的一种添加剂,但是如果这种农药残留存在着对人或动物的致癌成分,该法就认为该食物是有“杂质的”且必须被禁止销售。

1996 年,国会修改了《联邦食品、药品和化妆品法案》,将农药的化学残留物排除在了“德莱尼条款”之外。同时,1996 年颁布的《食品质量保护法》修改了《联邦食品、药品和化妆品法案》的第 408 条(《美国法典》第 21 卷第 346 条第 1 款)。对于残留物,“德莱尼条款”中“致癌物”和“非致癌物”的划分被毒性的“临界”和“非临界”的新标准所取代。对于毒性的临界值,“总的规则”是联邦环保局局长可以确立某种食物里残留物的容许范围,如果其决定这个容许范围是“安全”的,也就是说,“可以科学地证明农药化学残留物的聚集不会对个人造成伤害,包括在预计的所有饮食中所获得的和在其他一切可靠的信息中所获得的”。(《美国法典》第 21 卷第 346 条第 1 款第 2 项第 2 目。)对于毒性的“非临界值”,容许范围必须要考虑以下两个条件,一个是关于残留物给健康所带来的风险，另一个是使用产生残留物的化学农药所带来的经济利益。(《美国法典》第 21 卷第 346 条第 2 款第 2 项第 2 目。)

1996 年的修正案同时要求，在对农药化学残留物确立容许范围时，联邦环保局局长①必须要根据现有的信息来评估婴儿和儿童摄入残留物的风险以及他们对残留物的特殊敏感性，②需要保证有合理的证据证明农药化学残留物的聚集不会对婴儿和儿童产生伤害。(《美国法典》第 21 卷第 346 条第 2 款第 2 项第 3 目。)

5.2 有毒物质控制法案

在 1976 年以前，联邦对有毒物质的管理是由一系列特殊的法律规定组成的，且这些规定又大多包括在为其他目的而制定的各种成文法中。因而，在管理中有很明显的漏洞。1976 年国会提出通过一个管理有毒物质的综合性立法来填补这些漏洞。很不幸，这项法案也没起到太大的作用。

《有毒物质控制法案》立法目的是规范化学物质的制造、加工、分配、使用或处理，而不仅仅是药品和农药对环境和健康的伤害所引起的不合理风险。《有毒物质控制法案》强调的是对产品而不是对废弃物的管理。现在对由于化学产品所导致污染防治和避免环境和健康问题的前期管理也是采用与《有毒物质控制法案》相同的措施。

从总体上说，必须依据该法中的某些政策性条款(即该法的第 2 条第 2 款)来理解它。该条规定了三项政策：第一，应当收集并不断地完善各种化学品对环境所产生的影响的资料，并由各工业部门承担收集和完善这些资料的主要责任；第二，政府应拥有足够的权力来防止（有毒物质）对人体健康或环境造成严重的危害，尤其是紧急危害；第三，政府应本着下列精神行使所拥有的权力，即“在完满地达到本法首要的目的的同时，不对技术革新造成过分的、不必要的经济负担，以确保……这些化学品不会产生严重的损害威胁”。（注意：这和《联邦杀虫剂、杀菌剂与杀鼠剂法案》中要求相似，即平衡使用农药对人类和环境的不利影响与给经济和社会所带来的利益。）因此，很显然，很多事情将取决于如何衡量这两种互相冲突的目标，即促进技术发展和确保环境安全孰轻孰重？

该法最重要的实体法规定是第4、5、6条。这几条是关于有毒化学品的检验、投产前的申报和对生产与销售管理的规定。在本节中，我们仅大致地讨论一下这些规定，而不把注意力过多地放在其中关于豁免、例外、限制性条件和程序等的规定上。

第4条是关于检验的规定。它授权环保局颁发有毒物质生产者对其产品进行检验的条例。这些条例应当以下列事宜为根据来制定，即要发现已得到的与该物质有关的资料的不足之处；该物质是否会产生“严重的危害”以及在这些物质大量进入环境后会对暴露在其中的人群产生何种危害等。当然，在该节的其余部分，则是应遵守的各种程序性的复杂规定。除本条外，该法中还有几条也规定了各种资料的收集工作。

第5条规定，任何生产者应当在生产某种新的化学品之前，向环保局呈交一份生产通知。如果拟生产的物质是应遵守第4条规定制定的诸条例的物质，则生产者应据第

5 条规定呈交生产通知时附上该物质的检验报告书。若拟生产的物质不是应遵守据第 4 条规定制定的诸条例的物质，而是已被列入环保局所颁布的“可能有毒有害物质名录”中的物质，则生产者应向环保局呈交它认为足以证明该物质不会造成任何严重的损害风险的资料。一般说来，下一步要做的事就是第 6 条所规定的各种程序性工作。但是，如果环保局发现，在它据本法第 6 条规定制定某程序条例之前，可能会出现严重的危险，则它可即刻发布一个立即生效的“第 6 条程序条例建议案”，并据此发布禁止生产有毒化学品的行政命令或者请求法院发布一个禁令（见第 5 条第 6 款）。诚然，环保局并不总是持有足以据其对该物质的安全性做出认定的资料，在这种情况下，它可以做出有必要对该物质适用本法第 4 条规定的决定，并不发布禁止生产或使用该物质的行政命令。（在有人立即对此行政命令提出异议的情况下，环保局只能通过提起请求发布禁令的诉讼来禁止该物质的生产或使用，见第 5 条第 5 款。）

该法第 6 条与第 5 条不同，第 5 条仅适用于某种新的化学品或某化学品的新用途，而第 6 条则适用于所有的化学品。做出应对某化学品适用第 6 条规定的认定的必要条件是，“已有合理的根据足以得出下述结论”，该物质“已经或者可能会对健康或者环境造成严重危害……”环保局在对某物质做出上述认定后，可以颁发对此物质加以某些限制的条例，且这些条例应当是“以最轻的负担而达到对环境加以适当的充分的保护所必需的”（见第 6 条第 1 款）。因此，诸多问题如何解决，取决于在“适当的充分的保护”及“最轻的负担”两者间如何权衡轻重。一般说来，该法第 6 条第 3 款要求环保局优先行使其他的成文法所授予它的权力而不优先行使本法第 6 条授予它的权力。若环保局发现，“对健康或环境造成严重或大范围的危害的风险”可能会在某正式条例生效前就发生，则它可以将“程序条例建议案”的生效日期提前。应当注意的是，据第 6 条第 4 款规定将某“程序条例建议案”提前实施应当遵守的各项要求与据第 5 条第 6 款规定将那些适用于新的化学品的“程序条例建议案”提前实施应遵守的各项要求是不同的。

另外一个值得提及的规定是第 7 条。它授权环保局在发生“紧急危险”时，可以请求法院给予“紧急的司法救济”。在该法中，还有一些关于民事处罚、刑事制裁、司法强制执行、司法审查、混合型条例的制定程序以及优先权等的通用性条款。

在 1976 年至 2003 年期间，联邦环保局仅颁布了 31 种检验方法，涉及了大概 114 种化学物质和混合物。具体内容见 Physicians Committee for Responsible Medicine v. Horinko, 285 F. Supp. 2d 430(S. D. N. Y. 2003)案。在该案中，原告起诉了联邦环保局对 2800 种高产的化学物收集有毒数据的自愿检验计划。法院在判决中拒绝了原告的诉请，认为联邦环保局不需要公布一个正式的检验规则，除非其发现这些化学物可能会对身体造成不合理的风险或者可能会大量地进入环境或使人们暴露在大量的污染物中(该法第 4 条第 1 款第 1 项)。尽管联邦环保局没有对检验结果做出详尽的解释或者公布正式的检验结果，但是法院还是要求进行试验来证明联邦环保局对 2800 种高产的化学物进行检验以收集有毒数据的计划的必要性。最后，联邦环保局胜诉，因为法院认为联邦环保局没有根据实际情况来跟踪检验结果，因此有选择是否颁布正式的检验规则的权力。具体内容还可见 Physicians Committee for Responsible Medicine v. Johnson, 436 F. 3d 326 (2d Cir. 2006)案。

企业会经常性地通过司法途径来对联邦环保局的检验规则提出质疑,法院往往会对联邦环保局的检验结果以及需要检验的理由进行详细的调查。具体内容可见 Chemical Manufacturers Ass'n v. EPA, 899 F.2d 344(5th Cir. 1990)案。在本案中,联邦环保局制定的一个规则要求化学枯烯的制造者和所有者进行一个毒理学检验,以使联邦环保局明确来自问题设备的化学枯烯有多大的量会进入环境,并明确人们潜在的可接受标准。

联邦环保局在要求检验之前颁布了一个规则,要求将《有毒物质控制法案》中的检验与食物、药品以及农药等法案相区别,后者要求产品在到达市场之前的检验就必须要符合安全数据。《有毒物质控制法案》似乎在实质上确立了安全性的假设,联邦环保局在要求进一步提高该法案化学品的检验标准前必须证明这个假设。

涉及新的化学品的大多数问题都与遵守第 5 条的要求有关。这个要求就是生产通知必须在化学药品制造以前或者是进口到美国之前,呈送到环保局。法令要求呈送的有关信息,诸如化学成分、适用范围、预计的生产量、预计的副产品、在生产期间可能接触的人数估计以及供销方式。检验结果并不需要必须上交,如果公司有准备好的也可以上交。("就所知道的情况……或者是合理的调查结果中"关于环境和健康影响的数据必须呈报。)

如果环保局决定,生产通知不能提供足够的信息作为判断危害的必要基础,那么,环保局可以要求更多的数据。

如果不能提供那样的数据，环保局可以采取行动不允许制造，颁发一个要求更多信息的命令，或者采取措施限制生产和使用这种化学药品。

关于《有毒物质控制法案》要求提供的数据最重要的司法解释出现在 Corrosion Proof Fittings v. EPA, 947 F.2d 1201 (5th Cir. 1991)案。在本案中，在《有毒物质控制法案》的第 6 条约束下，联邦环保局颁布了一项大面积禁止使用石棉的条例。法院认为联邦环保局违反了《有毒物质控制法案》的规定，因为环保局没有充分考虑，相较于完全禁止使用石棉，替代方案所带来的成本收益分析结果的压力较小；没有征集公众的建议以及在最后运用各种交叉的检验方法来支持环保局的利益分析；没有对毒性进行核查以确定石棉的替代物。关键是，法院发现联邦环保局没有提供明确的证据来证明石棉会对人类健康或环境产生“不合理的伤害风险”。本案原告对《有毒物质控制法案》第 6 条关于管理单个有毒化学品的规定提出了强烈的质疑。

5.3 对转基因生物的管理

生物技术有可能会解决美国乃至全世界所共同面对的一些挑战，包括饥荒、疾病以及环境危机。转基因作物可以增加农业生产的效率，改善作物营养结构，制造新药品以及减少环境影响。转基因动物可以提供更加便宜的食物，提供可供人类移植的器官和组织以及减少来自野生动物数量减少上的压力。

另一方面，生物技术也可能会产生负效应：产生新的病源与毒质以威胁人类健康；转基因制药工程排放事故以及转基因工业化合物进入食品供应链所造成的损失;生态损害以及物种入侵而导致的生物多样性丧失。

生态学家担忧的最大问题是将非本地生物引入到特定的自然环境中所带来的潜在伤害。经验表明,将非本地生物或者外来物种引入新环境有时会破坏了当地生物的多样性以及在当地生态环境中占据了统治地位。转基因生物被引入到新环境的影响可能会和外来物种引入的效果一样。从理论上说,转基因生物会增加并改变基因成分或者与其他生物杂交。例如,通过转基因技术提高抵抗病虫害能力的谷物可能会将抵抗病虫害基因转移到杂草组织中去,从而造成了新的生态和农业问题。

美国科技政策办公室于 1986 年颁布的《生物技术管理协调框架》,将生物技术的环境管理权划分到了几个联邦机构中。其中,联邦环保局负主要责任。该框架以《联邦杀虫剂、杀菌剂与杀鼠剂法案》为依据将生物型农药划归到了化学农药一类,并以《有毒物质控制法案》为依据将其他生物产品划分到新的化学产品一类。

食品和药品管理部门已经开始审查转基因食品的食品安全。尽管《联邦植物保护法》已授权美国农业部下属的动植物健康检疫办公室管理转基因动植物以及微生物的流通。但是该法案却没有限制基因工程产品的制造。

在现有的管理规范下,动植物健康检疫办公室批准通过一个"通知"程序来检验转基因植物,这些"通知"必须明确地通报动植物健康检疫办公室,某一达到转基因标准的植物不会引起负面的环境影响。如果动植物健康检疫办公室同意,在这个公司做出进一步检验且将不利环境影响排除之后,这一植物就可以被种植。在上述程序中,公众和独立的科研机构都不会参与进来。大多数的生物公司开始以“法无禁止即自由”为理由申请转基因植物产品的商业贸易，并要求动植物健康检疫办公室明确这些转基因植物不存在任何环境风险。作为这个进程的一部分，动植物健康检疫办公室已经做出了一个正式环境影响评价并已在《联邦公报》上进行了公开，同时给予了公众60天的提出建议期。国家学术委员会的一个研究理事会表示，欢迎公众包括纯粹的研究工作者积极参与到这一进程中来，同时在转基因植物产品交易被批准后的生态检验和监管也将持续。

同时，生物公司提出将转基因动物发展成人类的食物来源之一。这些动物包括能生产更多瘦猪排，且脂肪含量少的猪、多肉的鸡、抗病性强的羊以及生长迅速的大马哈鱼与鲇鱼。目前尚不清楚的是怎样以及由谁来批准这些生物的上市。出于对大马哈鱼的重视，其被选为作为转基因动物上市的第一个物种，但只有在食品药品管理部门被明确为目前的监管当局，并指出该鱼的外来基因且这些鱼类的生长荷尔蒙是一种“新的动物物质”时，该大马哈鱼才能允许上市。在这一进程中，联邦环保局与农业部门退出了，将检验食物安全性时会出现的批评留给了食品药品管理部门，而食品药品管理部门难以胜任对转基因大马哈鱼放入大海所造成的生态风险的评估工作。例如，一项研究表明，如果野生雌性大马哈鱼更愿意与雄性的转基因大马哈鱼交配，而这种交配所产生的后代又不能很好地生存下来，这就会导致野生大马哈鱼的数量会急剧减少——这就是著名的“基因效益”。大多数种鱼类中，雌性更愿意与体型较大的雄性交配，这为优势种群创造了更为有利的条件。

总的说来，目前美国对转基因生物的管理——依靠的是三部不同的法律以及有三个不同的且管辖权存在重合的机关，这三个机关之间也不存在主次之分——这导致在转基因生物能否进入自然环境的管理政策上的杂乱和无序，没有相应的标准来指导机关做出决策。当前是时候通过一个综合性的法律规范以取代1986年《生物技术管理协调框架》，并管理所有的转基因物质的排放。然而，这样的一种改变在政治的角度是不可能的，除非生物技术公司发现颁布更加明确和有效的法律规范会使得其获取更大的利益。

5.4 资源保护与循环利用法

1976年制定的《资源保护与循环利用法》是对公众关于危险废弃物处理问题的严重性意识日益增强而做出的反应。环保局估计，截止到1981年，美国就倾倒了2.9亿吨危险废物。产出危险废物的主要工业是化学制品和石油工业（71%）以及冶金工业（22%）。这些废弃物包括在工业进程中的有机材料（例如苯和聚氯联二苯等）、重金属、带有细菌和病毒污染物的生物污染、沉积物（大气和水污染控制方法的固体或半固体副产品）以及各种化学品。

在《资源保护与循环利用法》颁布之前，大量的废弃物会在水污染事故频发的地区被储存或处理，例如，储存的地点在漫滩地区，含水层得不到不透水的岩石和土壤的保护，从而通过含水层污染了湿地。经过这些储存点水流的过滤会导致化学物进入地下水，并且来自雨水和融雪的地表径流会将化学物排入附近的河流。在任何一种情况下，最终的结果都可能是会导致公共用水补给的破坏。

国会已经面临了大量的由于现存的废弃物处理点而导

致的严重的废弃物处理问题，并且正在试图规范现有的处理活动以防止今后不再出现如此多的问题。因此，国会于1976年颁布了《资源保护与循环利用法》，并在1980年颁布了《综合性的环境应急、赔偿和责任法》(CERCLA)。

《资源保护与循环利用法》主要还是一个立足长远考虑的法律。该法案中的大部分法规都旨在创造一个管理计划来规范今后的废弃物加工、储存和处理活动。然而，对于环境和健康造成了“紧迫的和实质的威胁”的现有废弃物处理设施，该法也颁布了“清除规则”以追究这些废弃物加工、储存和处理设施的所有者。

《综合性的环境应急、赔偿和责任法》主要还是一个立足于过去的法律。该法的主要目的是为清洁泄露的废弃物加工、储存和处理设施设立众多的民事责任，该法中大量的假设是在《资源保护与循环利用法》规定的管理计划实施之前做出的。然而《综合性的环境应急、赔偿和责任法》也有立足长远考虑的因素。其包括大量的管理性条款，包括要求公民监督废弃物加工、储存和处理设施并存在有害物质排出的情况下通知联邦环保局。然而，更为重要的是，该法案为清洁泄露设施规定了更为严格归责原则，即在建设合格的废弃物加工、储存和处理设施方面，给未来有害废弃物的收集和处理者以强有力的经济刺激。

5.4.1 《资源保护与循环利用法》概述

《资源保护与循环利用法》于1984年和1986年先后两次修正，有关危险废弃物的条款都包括在本法小标题C中。该法第3001条要求联邦环保局颁布辨别危险废弃物的标准，在颁布标准时要“考虑到毒性、持续性、天然降解性以及在组织中的潜在富集情况”，和其他的诸如侵蚀性和易燃性的一些危险特性。这些标准都是辨识危险废弃物的基础,小标题C的其余规范都与标准及其执行有关。

辨别危险废弃物需要三套标准,分别用于废弃物的生产者、运输者和处理场地。环保局在制定“保护人类健康和环境”的各种标准方面,拥有广泛的权力。本法规定了某些具体的标准。第3002条要求废物的产出者必须具有各种各样的标准,诸如对废弃物做记录的标准、报告的标准、分类的标准以及使用适当容器的标准。第3002条第5款要求使用货单系统,确保污染源产出的危险废弃物在产生现场即被加工,或者是按照第3005条的许可在废弃物处理厂中加工。货单制度也出现在第3003条,该条款是针对运输者制定的标准。(运输者也要接受记录和分类的要求。)作为危险废弃物“从摇篮到坟墓”的制度的最后一个阶段,第3004条要求的是有关储存和处理设备的标准。这些标准涵盖了从遵守货单制度到做其他记录等各种标准。更为重要的是它们包括了废弃物处理和处置方法,也包括了处置场地的选择、建设和启动等方面内容。

1984年修正的第3004条要求,新的垃圾掩埋和表层水储层以及现存场地的扩展,必须设有两套衬垫、两套浸析液收集系统和两套地下水监测设备,除非环保局找到了一个防止有害污染物质渗入地下和地表水的同样有效的替代办法。1984年的修正案还授权环保局要求处理场所的业主和股东,为遵守使用的管理标准而提出经济责任担保。担保可分为一种担保和多种担保,例如抵押金、保证金、信用证或自我担保凭证。

1984年修正案的重要特点是,它们把危险废弃物管理中心从单一的地表处理转移到多种方式并存的处理模式。

该法的1002条第2款第7项规定,“地表处理是管理危险废弃物方法中最差的办法”。与这一条款相一致的是,第3004条禁止在土壤上处理危险废弃物。除非满足下列两个条件之一者方可使用地表处理:①环保局测得“在合理可靠的情况下,处理场地没有任何危险分泌物的大量流出”;②废物经过预处理达到了环保局按照第3004条第13款确立的标准,根据这一条款的规定,环保局于1986年颁布了规章,要求运用“已被证明最有效的技术”使危险废弃物处理达到确立的标准。

第3005条所规定的许可证制度是保障废弃物加工、储存与处理设施运行最为重要的条款。第3007条规定环保局有着广泛的检查权。第3008条规定,联邦环保局有权对违反要求的主体进行民事处罚,或者是对违反要求的主体提起民事诉讼。第3008条第4款规定凡是违反允许规定或者伪造文书者必然会被追究刑事责任。同时,《资源保护与循环利用法》为各州的管理职权规定了详细的标准。参照《清洁水法》各州可以负责有害废弃物控制(第3006条)的规定,《资源保护与循环利用法》规定,即使比联邦要求更低的州法律也具有优先权(第3009条)。

有联邦上诉法庭曾认为,联邦环保局授权州政府来管理和执行有害废弃物计划,当州执行机构对一个严重违反《资源保护与循环利用法》的行为未给予处罚时,联邦环保局也应当依据该法第3006条规定不得“过多干预”授权事务。具体内容见 Harmon Industries, Inc. v. Browner, 191 F. 3d 894(8th Cir. 1999)案。然而,其他的两个上诉法庭却不认可 Harmon 案的判决,并认为联邦环保局授权给各州的执行计划不能排除联邦的民事和刑事执行权力,因为《资源保护与循环利用法》只调整联邦管理权或者联邦许可权被各州本身计划所取代这两种情况，对于其他事项，《资源保护与循环利用法》没有管辖权，联邦环保局不必适用该法第3006条的规定。具体内容见 United States v. Power Engineering Co.，303 F. 3d 1232（10th Cir. 2002）案以及 United states v. Elias，269 F. 3d 1003（9th Cir. 2001），cert. Denied，537 U. S. 812（2002）案。

1984年的修正案做了一些有关地下储罐的规定，包括装有石油制品和其他危险液体，如化学溶剂和杀虫剂等储罐（第9001条至9010条）。环保局也做了一系列的规定，专门用于探索和纠正现有储罐的渗漏。同时，也为新储罐确定了执行标准，目的是为了避免地下水污染。1986年的修正案设立5亿美元的地下渗漏信托基金，这部分基金来源于对机动车燃料的国家税收，在环保局不能辨别谁是溶剂渗漏的肇事者时，或不能辨别谁是储罐承担责任的主体时，就可用这笔经费来阻止渗漏继续发生。

5.4.2 "固体"和"有害的"废弃物概念界定

《资源保护与循环利用法》调整的范围涉及所有的"固体废弃物"。然而，这些废弃物并不一定需要以固态的形式出现。该法第1003条第27款界定"固体废弃物"包括任何的垃圾、废物和沉积物，"以及其他的废弃的材料，包括固态的、液态的半固态的或者包括气态的物质"（特别强调的）。然而，这些"固体废弃物"不包括家庭污水中的固体或溶解的物质，灌溉回流水以及工业电源排放的污染物。大量的有害物质不能成为《资源保护与循环利用法》的调整对象。

重要的问题是何种《资源保护与循环利用法》调整的物质将会被循环利用或者在将来会循环利用？这些物质也能

被认为是“废弃物”吗？在 American Mining Congress v. U. S. EPA，824 F. 2d 1177（D. C. Cir. 1987）（AMC I）案中，意见分歧很大的法院并不打算让《资源保护与循环利用法》调整能进行循环利用或者能“在工业制造中继续使用”的“已使用”的材料。法院的多数观点认为多数材料还不需要成为“废物处理问题关注的对象”，这些材料“命中注定需要在深入的工业加工中再利用、再循环”。持有异议的 Mikva 法官认为《资源保护与循环利用法》中规定的“处理”不仅仅包括“废弃或倾废”，还应该具有很强的“功能性”：被处理了的废弃物如果和陆地以及水源接触就可能会给人体健康和环境带来极大的风险，这是国会颁布《资源保护与循环利用法》的原因。即反对的理由“仅仅是因为想要进行循环的废弃物不能保证在循环利用之前不会发生泄漏事件”。

在本案判决后，哥伦比亚特区巡回法庭所做的两个判决使得 AMC I 案的影响力受到了限制。在 American Mining Congress v. U. S. EPA，907 F. 2d 1197（D. C. Cir. 1990）（AMC II）案中，法院支持联邦环保局的主张并认为，“AMC I 案的观点仅涉及在‘这种物质立即再使用到工业生产的其他阶段’这种情况（特别强调），只有在这种情况下这种物质才不会成为废物处理问题关注的对象。在 AMC I 案中，没有任何迹象表明《资源保护和循环利用法》阻止环保局将有害废弃物‘丢弃’的做法，这些废弃物被属于污水处理系统的陆上处理单位所管理，也因此成为了废物处理问题关注的对象，并不再是工业深加工中的原料”。

在 American Petroleum Institute v. U. S. EPA，906 F. 2d 729（D. C. Cir. 1990）案中，法院认为即使这些废弃物材料在实际中已被循环利用，也只能证明其在当时是被选为废弃物循环利用的对象，因此现阶段也需要将其归入《资源保护与循环利用法》中加以规范。法院推翻了联邦环保局的决定——在金属回收过程中利用废弃物材料时要停止使用固体废弃物——在这些废弃物到达回收设施地点时就不再是“遭丢弃的材料”。法院认为，废弃物材料是在归为回收物之前被丢弃的，所以应当成为废物处理问题关注的对象。

《资源保护与循环利用法》第 1004 条第 5 款将“有害废弃物”界定为“固体废弃物，或者数量多且浓度高的固体废弃物化合物，或者物体和化学品，或者是如下物质①引起死亡率大幅度的上升或增加患上无法治愈的疾病的概率；②在不彻底的加工、储存、运输、处理或其他管理时，会给人类健康和环境造成潜在的、实质意义上的伤害”。依据《资源保护与循环利用法》第 3001 条规定，联邦环保局发布了识别有害废弃物特点的规范并列出了在标题 C 下的特殊的有害废弃物，联邦环保局的这一工作需要“考虑废弃物在自然状态下的毒性、存续时间以及降解性、组织的聚集能力以及如易燃性和腐蚀性等相关因素和其他的有害特征”。

联邦环保局的规范提供了两个主要的方式将固体废弃物归结到“有害物质”一类：一是通过证明该固体废弃物存在有害物质四个特征中的之一(废弃物特征)，另一个方式是通过联邦环保局将此固体废弃物直接确定为特殊的有害物质(废弃物清单)。联邦环保局将废弃物清单分为了四大类(“F”“K”“P”以及“U”清单)。“P”清单上标明的是极端有害的化学产品。“U”清单上标明的是轻度有害的化学产品。“F”以及“K”清单上标明的主要是达到了“P”以及“U”清单标准或者有害物质的四个特征(有毒性、可燃性、可腐蚀性以及可反应性)之一的混合物和化合物。运用这些清单,联邦环保局将数百种特殊的废弃物确定为“有害废弃物”。

为了防止生产者使用稀释或者改变在清单中废弃物的成分来逃避有害物质废弃物管理规范,联邦环保局颁布了两项重要的规则,即“混合物”规则和“分离”规则。前规则规定列入清单的有害废弃物和其他固体废弃物的混合物也属于有害废弃物;后规则规定来自于有害废弃物的加工、储存或处理过程中(但是不包括降雨的冲刷)的固体废弃物也属于有害的废弃物。

Chemical Waste Management, Inc. v. U. S. EPA, 976 F. 2d 2(D. C. Cir. 1992)案涉及联邦环保局对浸析液的处理标准,这些浸析液是在如雨水这样的液体渗透到废弃物填埋点所产生的。环保局认为,按照“分离”规则,这些浸析液由于来自于有害废弃物,也应当被归入有害废弃物这一类。法院认为,联邦环保局没有采取“武断而又多变”的行为,即认为只要环境媒介(如土壤)受到污染就一定要认为将浸析液纳入有害废弃物一类。法院认为,对受污染的土壤适用“分离”规则仅仅只是连贯的监管框架的一部分,“适用这些监管框架需要持续坚持的一个总原则是,由于有害废弃物仅仅与其他物质发生了结合或分离,该有害废弃物没有失去有害物质的特征”。

“混合物”规则和“分离”规则并不要求考虑被作为有害的废弃物加以管理的废弃物到底是否会造成现实中的损害。“分离”规则仅仅只是建立了一个可以被克服的假设,例如通过证明浸析液并没有有害物质。后来,联邦环保局的规范明确地将“不再具有有害废弃物特征”的混合物排除在了有害废弃物之列。

Edison Electric Institute v. U. S. EPA，996 F. 2d 326 (D. C. Cir. 1993)案显示了设计和适用以“废弃物特征”为依据的规则的复杂性，没有被环保局列入有害废弃物清单的固体废弃物只要其符合了环保局制定的有害废弃物四项特征中的一项或多项，就可以被列入非清单内的有害废弃物。联邦环保局的规章规定了一项检验程序，即“有毒性特征分离程序”，以用来确定固体废弃物的有毒性特征。“有毒性特征分离程序”是以有毒废弃物处理的样本为基础的，该样本是在地下水层之上的市立废物分解站获取的。这种检验要求废弃物的制造者将其制造的废弃物样本与一个酸性渗漏媒介混合，然后检验最终得到的液体，看其是否达到了“国家主要饮用水标准”中规定的有毒污染物检验安全水平。在 Edison 案中，产生废弃物的矿产加工以及天然气厂厂主认为，联邦环保局无权运用“有毒性特征分离程序”来检验本厂的废弃物。法院认为，“有毒性特征分离程序”并没有与问题废弃物之间建立合理的联系，因为联邦环保局并不能证明储存在市立掩埋点或者以其他方式掩埋的废弃物可能会与酸性渗漏媒介混合，并最终得到需要检验的液体。法院同时要求联邦环保局对适用“有毒性特征分离程序”来检验问题废弃物的这一做法给出更加合理的解释。

5.4.3 对有害废弃物地表处理的限制

1984 年对《资源保护与循环利用法》进行的修改中，国会对有害废弃物的地表处理方式采取了不鼓励的态度。修改后的《资源保护与循环利用法》第 3004 条第 4 款第 1 项规定了阶段性的禁止以地表处理的方式来对未加工的有害物质进行处理，除非联邦环保局“为了保护人类和环境的健康，在废弃物存在有害物质时，决定对废弃物采取一或多种地表处理方式的措施”。在做出这些决定的过程中，联邦环保局需要考虑废弃物的主要特征，“在地表处理过程中废弃物长时间所具有的不稳定性”以及起初鼓励适当地管理有害废弃物的重要性。第 3004 条第 4 款第 1 项、第 5 款第 1 项以及第 7 款第 5 项的规定限制了联邦环保局的决策能力，即通过确认某一地表处理方式并不是以保护人体健康和环境为目标所做出的，“除非，根据某一利益相关人的申请，联邦环保局可以明确地证明，只要废弃物存在有害物质，就不会在地表处理区域或者相关区域发生有害物质泄露现象”(重点强调)。

国会没有规定废弃物地表处理方式，但提供了两种例外情形，“一是废弃物的毒性已完全消失，另一种是废弃物的有害成分泄露的可能性完全消失，不管是在近期还是长远的角度看都不会对人类健康和环境造成危害”(见《资源保护与循环利用法》第 3004 条第 13 款)。该法要求环保局确定一个预设的加工处理方案以明确被确认为可以进行地表处理的废弃物如何达到标准。实际上，尽管对有害废弃物地表处理的限制条款允许对未处理的废弃物进行地表处理并授权环保局可以运用地表处理的方式来进行废弃物的初步处理，但这也并不意味着这种处理方式是一种安全的处理方式。

为了防止有害废弃物的生产者规避地表处理的限制性规定而一直简单地储存废弃物，第 3004 条第 10 条规定，禁止储存不允许进行地表处理的废弃物，除非“对有害废弃物的储存仅仅是为这些废弃物循环利用，加工和处理提供数量上的规模效应为目的的”。在 Edsion Electric Insitute v. U.S. EPA, 996 F.2d 326 (D.C. Cir. 1993)案中，发电公司对联邦环保局对上述条款的解释提出了异议，该公司认为，这一条款使得在没有拥有足够的技术和处理能力之前，长期的储存混合废弃物的行为成为了不合法的行为。该公司认为，联邦环保局的解释实际上与该法律规范的内容不一致且对包含有害物质或反射性成分的废弃物的生产者都加以适用是不合理的，因为目前这些生产者本身就没有多少可供选择的合法加工或处理方式。本案中，联邦环保局的解释确定了一个举证责任倒置的原则，即在涉及决定何时将废弃物的储存看作“储存有害废弃物的目的为了产生循环利用，加工和处理提供数量上的规模效应为目的的”时，需要实行举证责任倒置原则。基本上，如果废弃物将被储存一年以上，这些废弃物的所有者和处理者需要举证证明“储存有害废弃物的目的为了产生循环利用，加工和处理提供数量上的规模效应为目的的”。法院认为，联邦环保局对《资源保护与循环利用法》第 3004 条 10 条规定的解释十分符合该法具有“高度的说明性以及科技性”的法律定位。如果废弃物生产者始终无法拥有确定的储存额，迅速发展的废弃物加工和处理能力可能会大幅度的下降甚至消失。法律规定无法及时地跟上科学技术的发展水平并不意味着法院有权去打破这一格局。具体的救济和改善措施应当由国会来加以制定和适用。

Chemical Waste Management, Inc. v. U.S. EPA, 976 F.2d 2(D.C. Cir. 1992), cert. Denied, 507 U.S. 1057(1993)案涉及符合“废弃物特征”的废弃物需要在地表处理前进行多大程度的预先处理的问题。“自然资源保卫

委员会上诉人”（主要包括环保组织和有害废弃物处理的公司）起诉联邦环保局不要求在所有情况下使用“被论证为最有效技术”来对废弃物进行预先处理的决定。“企业上诉人”（主要是废弃物的制造者）也反对联邦环保局的规范，因为其在部分情况下规定的处理水平已超出了去除“有害废弃物特征”的标准，这直接导致这些废弃物可能被划归到有害废弃物一类。法院拒绝了自然资源保卫委员会的诉请，自然资源保卫委员会认为一些技术手段在所有的废弃物处理情况下都需要加以运用，仅仅使用诸如稀释等手段是远远不够的。法院发现自然资源保卫委员会并不反对对易燃、腐蚀性和反应性强的废弃物加以稀释，但是委员会仅仅明确了这一处理手段需要得到的目标，并没有论证该手段的有效性。法院同时否认了制造者的观点，制造者认为一旦终止联邦环保局确认废弃物是否满足有害废弃物的特征时，联邦环保局将失去进一步规范废弃物的权力。结合3004条第7条第5款以及第12条规定，法院判决，联邦环保局有禁止具体的废弃物进行地表处理的权力，除非这些废弃物已经被进行了降低风险的处理，不再会引起该废弃物自身所存在的有害特征。需要加以解释的是，有害废弃物的有毒性特征对环境的负面影响与其他三项特征对环境的负面影响完全不一样。在地表处理的过程中，有毒成分可以积聚并产生影响，即使这些废弃物的有毒成分低于有害废弃物的要求。另一方面，去除废弃物易燃、腐蚀性和反应性强的特征“可以完全解决这些特征给环境造成的负面影响”。

5.4.4 紧急危险下的民事责任

除了环保局本身所具有的的管理权外，《资源保护与循环利用法》也授予了环保局根据这些情况可以请求禁止令的救济。该法第7003条规定：

尽管本章制定了各种原则，但是一旦发现过去或现在加工、储存、处理、运输和处置紧急或者实质性危及健康和环境的任何固体废弃物或危险性废物的证据，环保局局长可以代表美国政府在一个适当的地区法院向任何主体(包括过去和现在的废弃物制造者、过去和现在的运输者、过去和现在的所有者或者废弃物的处理、储存以处置设备的股东)，即一直参与或正在参与经营、储存、处理、运输或处置废弃物或者有害废弃物的主体提起诉讼，并禁止这些人再进行经营、储存、处理运输或者处置废弃物，或者命令这些人自己采取其他必要的行动。

该法第7002条是公民诉讼条款，赋予"任何主体"可以对引起紧迫危险的过去和现在的有害废弃物的所有者按照类似于第7003条的标准提起民事诉讼。这两项条款使得《资源保护与循环利用法》的地位得以凸现出来，这不仅体现在处理当前有害废弃物的处置行为方面，甚至在保障针对废弃物处置场的司法判决的执行方面，都可以作为《综合环境反应、赔偿和责任法》的补充。

在运用"紧迫和实质性危害"的标准时，法院仅要求该废弃物具有较低水平的危害即可，甚至连实际危险的证据都没有必要出具。原告只需证明，现有的危险状况对环境和人体健康具有伤害威胁就可以了。

United States v. Waste Industries, Inc., 734 F. 2d 159 (4th Cir. 1984)案是对第7003条责任条款进行扩大解释的为数不多的重要案件之一。法院注意到，第7003条的立法目的是处理破坏的授权计划和规避授权计划的行为，这就使得第7003条与《资源保护与循环利用法》中的其他的有关联邦环保局权威的规定存在一定的差异。因此，第7003条存在回顾性的特征——对于那些已经不配合环保局行动的废弃物处理厂，可以要求其停止处理废弃物——相反，第3001条至3020条却具有预期性的特征。第7003条（与第7002条一样）授权，可以对可能产生紧迫危险的有害废弃物的“处置、储存、加工、运输以及处理”者采取措施。同时，法院强调了第1004条第3款规定的调整范围，即将“泄露”作为“处理”的定义的组成部分表明了国会认为“处理”这一词语涉及广泛的含义，包括废弃物处理行为、物理状态以及可能会发生的后果。如果一个人由于过去的处理行为导致了现在泄露事故的发生，则可以要求他在停止现有处理行为的同时，采取其他必要的措施，例如，偿还政府的清洁费用、监管泄露以防止污染的进一步恶化以及修复地下水资源。

United States v. Northeastern Pharmaceutical & Chemical Co., Inc., 810 F. 2d 726 (8th Cir. 1986)案中，法院认为该法第7003条并不要求查找之前的废弃物的生产者以及运输者的过错并追究他们的责任。而在1976年《资源保护与循环利用法》生效之前，废弃物的生产者和运输者都负有处置废弃物的责任，应该负责的主体包括制造和运输该废弃物的组织的工作人员和其他雇员人员。按照第7003条规定，由于联邦环保局采用的法律补救措施实质上是公平的，被告人无权要求进行陪审团审理。相应的，第7002条规定的公民诉讼条款也应当以此类推。

在规定公民诉讼条款的联邦法律规范中，《资源保护与循环利用法》第7002条是唯一授权私主体以及除联邦环保局以外的主体对潜在的迫切风险进行起诉的条款。在 Maine People's Alliance v. Mallinckrodt, Inc., 471 F. 3d 277 (1st Cir. 2006), cert. Denied, 128 S. Ct 93(2007)案中,法院认为,"结合该法中将'可能'与'危及'相结合的表达形式,这两个单词都具有可能性的意思,这种表达可以使我们得出,将来可预期的损害也是足以满足《资源保护与循环利用法》第 7002 条第 1 款第 1 项第 2 目规定的诉讼要求的,只要这一潜在的威胁会在近期产生潜在严重的损害"。法院同时要求被告投入数百万的研究经费,以确定将汞污染物排入佩诺布斯科特湖下游会不会对人类健康和环境产生负面影响,如果会的话,就需要制定一个可行的救济措施。

一个主要的问题是,第 7002 条是否授予了法院在公民诉讼中运用其所具有的所有的公正的权力,包括判令赔偿的权力,而不仅仅是发布禁止令的权力。在 Meghrig v. KFC Western, Inc., 516 U. S. 479 (1996)案中,受污染的土地所有者先对该土地进行了治污,然后才起诉先前的所有者对该污染承担责任。最高法院根据第 7002 条第 1 款第 1 项第 2 目的规定认为,该法并没有授权作为私主体的原告可以以已经投入的治污费用(该治污区域在诉讼提出之时就不存在"紧迫和实质的危险")为由来提出赔偿请求。原告应该在其满足地方政府的要求之前,也就是在花费 200000 美元来去除土壤中的石油污染之前向法院提出诉请。为了获得在本案中已投入的花费,原告需要依据《综合环境反应、赔偿和责任法》或者普通法中的侵权法来提起另一诉讼。

5.5 综合环境反应、赔偿和责任法

《综合环境反应、赔偿和责任法》,即著名的《超级基金法》,它于1980年颁布,1986年被《超级基金修正案以及再授权法案》所修改,2002年被《小型企业责任以及轻污染工业用地振兴法案》所再次修改。该法的立法目的是解决有害废弃物处理场所的泄漏问题。

5.5.1 《综合环境反应、赔偿和责任法》概述

该法有四个基本组成部分。第一,它确立了信息收集和分析制度,使联邦和州政府有能力确定化学废弃物处理厂的选址,并为后续的行动提供重要的参考依据。该法第102条规定,联邦环保局可以颁布规章,明确只要渗漏到环境中去就可以对公众健康、福利和环境都造成"实质性危害"的物质为"有害物质"。(该法第101条第14款规定有害物质也包括《清洁水法》《资源保护与循环利用法》《清洁空气法》或者是《有毒物质管理法》的规定所认定的有毒或有害的任何物质,石油和天然气被专门排除在外。)该法第103条要求有害废弃物的所有者和制造者应当通知环保局在其厂址发现的或者从处理场地了解到的、持有怀疑的或者有可能渗漏的有害物质的总量和种类。这些信息是联邦环保局出台《国家重点目录》的重要依据,这一目录是对全国范围内没有得到控制的污染物处理点的解决计划安排。

第二,该法案确立了联邦权威。联邦既有权对有害物质的紧急处理做出反应,也有权清理渗漏场地。第104条授权总统可采取"迁移"或者"救济"的行动,这些行动应当与第105条规定的《全国应急计划》是一致的。其中"迁移"

行动是短期的、应急的行为，而“救济”行为旨在提供一种长期的解决方案。这些响应行为可以由联邦政府通过承包的方式直接执行或者通过州际合作加以解决。《全国应急计划》最初是按照《清洁水法》第311条第3款提出来的。按照《综合环境反应、赔偿和责任法》第105条第1款的规定，《全国应急计划》中的一个条款应当涉及在全国有害物质应急计划中所确立的对泄漏有害物质做出反应的程序和标准。该法案要求总统在《国家重点目录》增减废弃物处理场地和设备时，需要参考有害物质排序制度。联邦政府对在目录中的处理场地事宜做出反应的权限较小，只能在找不到责任主体以及责任主体不采取必要措施的情况下才能做出反应。

第三，该法案设立了“有害物质信托基金”，即“超级基金”，以用来支付“迁移”行动或者“救济”行动的费用。然而，最初要求特殊的企业以及临时的税收（主要针对的是石油以及化学原料）提供的资助的情况到1995年即已到期。目前超级基金继续得以运行的主要资金来源是不可预期的收入，来源的范围从私人组织到联邦环保局的清洁支出的补偿，甚至有国会在一般税收中所支出的适当款项。

第四，法案迫使那些造成有害物质泄露的肇事者付起全部清理和恢复原状的责任。第106条授权司法部部长，在那些会对公众健康、福利以及环境造成“紧迫和实质的危险”的情况下可以请求颁布禁止令进行救济。同时，上述措施的替代性的办法是，总统可以颁布行政命令，责令责任方采取保护性的措施。第107条规定，有害物质的制造者和运输者，也包括接受有害废弃物进行处理、储存或者处理设备的所有者和经营者必须要负责：①联邦政府以及州政府实施的，针对那些不符合《全国应急计划》的废弃物处置进行的迁移和救济行为的全部费用；②任何个人实施的，针对那些不符合《全国应急计划》的废弃物处置而进行的“其他”响应所花费的费用；③因泄露有害物质而造成的对“自然资源”的破坏。最高法院认为第 107 条规定了严格归责原则，而不是过错责任原则。同时，第 107 条第 2 款规定了对于有害废弃物泄露归责的极少的例外情形，这些例外主要是在不可抗力以及第三方原因的情形下存在的。尽管第 107 条没有明确的规定，但是正如下文所讨论的，责任的追究可能会涉及有害废弃物的制造者、运输者、所有者以及经营者等多方主体。

5.5.2 实施清理

在实施《综合环境反应、赔偿和责任法》中，有害废弃物泄露的清理的指导方针是，不管是通过自觉整顿还是强制执行，都要努力使得私主体对泄露进行清理。同时，只有在联邦和州政府判断合适的情况下，对泄露事故的反应行动才能得到超级基金的资助。实施清理的一个主要内容是由联邦和各州之间谈判合作协议，据此协议，各州需要对清理活动负有主要责任，并由各州向责任方追偿清理费用。

该法于 1986 年增加了第 116 条和 121 条，确立了反应行动的计划以及反应行动的种类。第 121 条确立了如果减少有害物质的体积、有毒性以及流动性的活动具有永久性和重大意义，则需要对该活动给予优惠政策。相比于“实际（现场）处理技术”的有效性，把有害物质或者已污染的废弃物运离现场加以处理的方式难以得到多数人赞成。将短期和长期处理行为的成本相比较，“救济”行为可以被看作是“最节约成本的”。最终采取的行动要达到清理的目的，并能控制有害物质的进一步泄露，最低的要求是“确保”公众健康和环境不受损害。

在《超级基金修正案以及再授权法案》颁布之前，潜在的责任方和环境保护团体在执行整顿以前，也常对环保局针对的特殊处理场地提出的“救济”行为向法院提起诉讼。潜在的责任方往往会直接拒绝采用“救济”行为，而不是根据第107条的规定，在后续联邦环保局追偿的过程中提出免责事由。例如，他们宣称联邦环保局不合理地选择了过于精细以及昂贵“救济”措施。另一方面，各个环保组织会以各种不同的理由在“救济”行为实施前提出司法审查，这些环保组织想尽早通过向法院提起诉讼来中止执行“救济”行为，按照他们的观点，环保局采取的“救济”行为一般不足以达到保护公众健康和环境安全的目的。在1986年以前，《综合环境反应、赔偿和责任法》几乎没有规定在“救济”行为实施前司法审查的问题。这方面的第一个司法判例是Lone Pine Steering Committee v. U.S. EPA，777 F.2d 882 (3d Cir. 1985)案。在该案中，法院对联邦环保局清理行为进行实施前的司法审查的管辖权持有怀疑。法院担心的是，这样的一起诉讼会不会使得国会在制定法律时的立法日的受到损害，这一立法目的就是让联邦环保局迅速行动起来补救有害废弃物处理场所出现的问题。

在《超级基金修正案以及再授权法案》中，国会在第113条第8款中规定，在一般情况下，禁止把“救济”行为在实施前诉诸法院。然而，国会感到棘手的是，对那些在清理结束前怀疑救济行为是否充分的公民团体来说，这一规定会产生何种影响。所以，国会设计了一些例外情形，例如，根据第104条规定采取相应的“迁移”或者“救济”的行动后，或者根据第 106 条进行了担保后，就可以批准公民诉讼。同时，国会又明确了该例外情形的自由度，即在完成救济行动报告书中记载的“某一特定的阶段”后，即可提起诉讼而不需要等到所有的行动完全结束。国会采取例外情形的意图是允许法院的司法审查在确有必要的情况下尽量提前，以保证多阶段的清理活动方案可以在清理过程中加以修改。

5.5.3 责任方的责任承担

United States v. Monsanto Co.，858 F. 2d 160 (4th Cir. 1988)案是一个典型的清洁行动实施结束前的诉讼，该案是关于联邦政府向处理厂追偿有害物质“迁移”费用的案件。该案中，4 英亩的处理厂储有 7000 多个化学废物(每桶重达 55 加仑)，大多数桶都在泄露着有毒的、致癌的、易发生反应的、爆炸性的以及极易燃烧的物质。本案被告包括三个废弃物制造者以及两个废弃物处理厂所有者(这些废弃物厂早已租借给收集废物以进行处置的公司，也许这些废弃物处理厂的所有者并不知情)。本案中，这些被告拒绝与政府达成协议。政府向法院提出的诉请为请求法院做出被告承担连带责任的简易判决。根据第 107 条第 1 款的规定，法院发现上述的每个被告都属于第 107 条规定应被纳入被告的四类主体中，凡是属于这四类主体中的被告都需要承担清理费用。第 107 条第 2 款规定，某一类主体一旦与废弃物处理厂之间确立了某种必然的联系，就需要按照严格归责原则对其追究责任，除非该类主体能够证明，有害物质的泄露以及由于泄露所产生的威胁与人为因素没有任何关系。

根据第 107 条第 1 款第 3 项的规定，如果政府可以证明有如下 4 种情形之一，那么废弃物的制造者就必须要负法律责任：

①在过去的时间里，制造者将有害废弃物运送到了废弃物处理厂；

②制造者生产的有害物质或者类似于这些制造者生产的有害物质出现在了废弃物处理厂；

③在废弃物处理厂出现了有害物质的泄露或者是有泄露的可能性；

④泄露或者是泄露的威胁导致清理费用的产生。

法院否决了被告要求原告必须证明在废弃物处理厂泄露的有害物质与制造者有关的主张。法院认为，如果要求原告提供被告主张的具体因果关系证据，就违背了该法律的立法目的，也就会违背了国会的立法意图，因为要在遗址上追查关于某个废弃物制造者的物证，从技术上来说是不切实际的。

法院还认为，根据《综合环境反应、赔偿和责任法》，在难以明确区分责任的情况下，要求各被告承担连带责任是适当的。法院明确赞成 United States v. Chen－Dyne Corp.，572 F. Supp. 802 (S. D. Ohio1983)案判决中的基本原则和论述，审理该案的地区法院认为：

> 如果损害可以被明确、具体地划分，并且存在一个按比例划分损害的合理基础，每个被告就可以仅为他所引起的损害负责，在这种情况下，按比例分配的举证责任就落在了被告人身上。另一方面，如果被告引起了不可分割的损害，那么每个人都要为整个损害负责。

在 Monsanto 案中，法院发现，被告们不能证明自身的责任范围，即被告们不能在责任方内部确立一个划分损害比例的基础：

为了履行责任，作为废弃物制造者的被告们必须要明确遗址上的环境损害在责任方内部的划分方式。然而，他们无法提供任何证据表明废弃物的体积以及有害物质的泄露与遗址上的损害之间的关系。更为严重的是，根据有害物质之间相互混合影响的实际情况，如果没有证据证明排放的有害物质是单一的物质引起的还是多种物质相互影响所产生的，则地区法院也不能合理地在责任方内部划分具体的责任。

最近，最高法院细化了初审法院根据《综合环境反应、赔偿和责任法》所做出的损害比例划分方法。在 Burlington Northern & Santa Fe Ry. v. United States, 129 S. Ct. 1870(2009)案中，法院支持了初审法院的损害比例划分方法。该案主要的案件事实是，被告的财产仅仅只占这个处理厂总面积的 20%；被告的租赁期间只占该部分污染期间的一半；该部分的污染物中，来自其他主体的总量是被告的十倍；来自这一部分的污染物总量是整个处理厂的 2/3。最高法院认为初审法院对这些数据相乘已获得相应的结果的做法是合理的，该计算方法得出，在本案中，被告需要承担 6%的损失，然后再加上损失的 50%的误差边缘，最终被告需要承担的损失为 9%。最高法院强调这些事实“十分清晰地表明主要的污染物……都储存在没有内部防护的污水坑和污水池中，这些污水池位于处理厂的东南部且与铁路沿线区域相距甚远，铁路沿线的有害化学物质的溅溢出来的总量不会超过该处理厂总污染物的 10%，其中很多溅溢事件是不需要采取补救措施的”。

该案的被告还提出，法院赋予了《综合环境反应、赔偿和责任法》以溯及力，这使得在该法通过之前发生的行为具有了责任，这显然违背了宪法所要求的正当法律程序。最高法院否认了被告的这一观点，认为合宪性的推定只能发生在"调整经济生活的成本和收益的立法案中"，同时，"《综合环境反应、赔偿与责任法》发挥着补救作用，把那些不合理的废弃物处理费划分给造成危害环境的各个责任方"，也就不存在违反正当法律程序的问题。

另外两个与 Monsanto 案判决一致的案件是 United States v. Northeastern Pharmaceutical & Chemical Co., Inc., 810 F. 2d 726(8th Cir. 1986)案(该案认为《综合环境反应、赔偿和责任法》具有溯及力，联邦政府可以据此要求对方承担在该法案颁布之前所发生的清洁费用)以及 State of New York v. Shore Realty Corp., 759 F. 2d 1032(2d Cir. 1985)案。

Northeastern Pharmaceutical 案处理了好几项其他的重要的问题。该案判决认为，按照第 107 条第 1 款第 3 条规定，清理责任不仅属于企业法人，而且属于负责废弃物处理厂运行的经营者以及可以对废弃物处理加以安排的企业雇佣者。该法还规定负责处理废弃物的主体必须要对政府的清洁费用负责，且并不要求这些负责人是这些废弃物或者是处理被运来的废弃物的设备的所有者或占有者。

最高法院在 Burlington Northern 案中限制了这些负责人的责任范围。法院认为，要求被告装运产品时的条件为"其知道购买者或者一般运输者会引起溅溢出一部分的有害物质"，这是远远不够的。为了明确法律责任，取代这一条件的是"被告必须注意到在运输过程中一些产品的有害物质已被处理"。一些溅溢事故的发生并不能推断出被告希望溅溢事故的发生。相反，被告需要采取多项措施以试图减少溅溢的可能性。

同时，第107条第1款第2项也值得注意，该条款规定了拥有或者“经营”处理设备的主体在处理有害物质时所承担责任，该条款也适用于作为个人参与处理工作的企业管理人员以及低等级的雇佣者。具体内容见 Shore Realty, supra, and United States v. Gurley, 43 F. 3d 1188(8th Cir. 1994), cert. Denied, 516 U. S. 817(1995)案。另一方面，一个企业委员会的成员兼主席且拥有该家企业85%的股权的企业“顾问”不一定能成为“经营者”，因为没有证据证明其参与了违背《综合环境反应、赔偿和责任法》的行为。具体内容见 River Market Development Corp. v. Int'l Building Products, Inc. , 931 F. 2d 327 (5th Cir. 1991)案。“经营者”的责任可以被适用到给所有的处理设备提供资金的母公司。母公司通过不属于本公司的代理人来进行活动，也要求母公司必须“积极地参与且试图控制设备的运行”。具体内容可见 United States v. Bestfoods, 524 U. S. 51(1998)案。

在 Northeastern Pharmaceutical 案中，法院同时认为，根据第107条第1款第4项第1目——当政府清理活动与“《全国应急计划》不一致”时——这种不一致的事实的举证责任还是由被告承担，同时，这些与《全国应急计划》不一致的政府清理活动的费用也应当被不容置疑地认定为合理，并具有溯及力。另一方面，根据第107条第1款第4项第2目——私主体的清理活动与《全国应急计划》相一致——作为非政府的原告有责任证明他们的经费使用与《全国应急计划》相一致。最后，法院还认为，在政府按照第107条的规定寻求清理费用的救济时，被告无权要求陪审团参加审判，因为《综合环境反应、赔偿和责任法》实质上提供赔偿的方式是一种衡平法上的救济。

在 Shore Realty 案中，法院认为，各州可以从废弃物处理厂的所有者（要求是在废弃物运送到该处理厂时，所有者并不拥有该处理厂，同时该处理厂也没有引起任何的废弃物出现和泄露）以及负责人和持股人（需要是经营者）那里获得紧急情况下的或者短期的费用，即使该废弃物处理厂不在环保局颁布的《国家重点目录》之列。法院进一步解释，《国家重点目录》是使用最高基金的一个条件（根据第 140 条和第 111 条），那么它就不适合在第 107 条所规定的短期费用的责任下加以适用。法院认为，《全国重点目录》是“规范具有修复性和长期性的行动，相较于迁移和短期性的行动而言，其应该是资助长期性的修复行为”。各州的环境修复工作不会因其清理行为得不到联邦环保局的事先批准而受阻，因为《全国应急计划》中关于联邦和州合作进行清理的要求在某些地区是不适宜的，例如自己采取行动而不从超级基金中寻求补偿的州。

第 107 条第 1 款第 2 项第 2 目规定，如果补偿清理费用的行为与《全国应急计划》是“必要且一致”的，那么私主体就可以启动追偿清理费用的程序。潜在的原告包括与泄露的处理厂相毗邻的土地所有者，甚至可以包括被告存放有害废弃物场地的所有者。尽管私主体根据《全国应急计划》所产生的并且得到联邦证明的清理费用会得到超级基金的赔偿（第 111 条第 1 款第 2 项），但是，根据第 107 条第 1 款第 2 项第 2 目的规定，私主体向废弃物的制造者、运输者、所有者以及股东进行追偿，并不要求原告的清理是一直依据政府认可的清理计划进行的。例如，如果该清理行为是州机构或者地方机构所要求的，并且在效果和时间上都与《全国应急计划》完全一致，这就足够了。具体内容可以见 NL Industries, Inc. v. Kpplan, 792 F. 2d 896 (9th Cir. 1986) 案以及 Wickland Oil Terminals v. Asarco, Inc. ,792 F. 2d 887(9th Cir. 1986)案。

第 107 条第 1 款把清理费用的责任主体扩大到污染物的全部"所有者"，即不管该污染物的所有者身份情况如何，是偶然还是无意中获得该废弃物处理厂的各方都必须要承担整治该废弃物处理厂的费用，即使这些费用总额已经超过了这些土地的价值。上述规定引起了几起广为人知的案例的发生，这直接推动了国会将注意力集中在了修改《综合环境反应、赔偿和责任法》的责任方案上。在 United States v. Maryland Bank & Trust Co. , 632 F. Supp. 573 (D. Md. 1986)案中，一家银行以对方的一块土地作为抵押物贷出了 33.5 万美元。最终借款人违约，银行提起了取消抵押品赎回权之诉。在银行取得了这块土地之后，州和联邦政府判定，这块土地是一片之前受过污染的废弃物处理厂，根据《综合环境反应、赔偿和责任法》需要进行清理，最终银行被裁定支付多达 55 万美元的清理费用。

考虑到上述不公正的结果，国会在《超级基金修正案以及再授权法案》中加入了一个意在保护"无辜的土地所有者"的新条款。尽管"土地所有者和股东"的一般责任的第 107 条第 1 款中得到了保持，但是国会在对第 101 条第 35 款规定的"合同关系"术语加以修改时扩大了由于第三方而导致的例外情形。目前，根据第 107 条的规定，那些通过继承或遗赠等非自愿的方式或者通过自愿但没有"理由知道"

有害物质已经在此地排放的“无辜的土地所有者”不能作为所有者以及制造者。

为了考察是否有“理由知道”该地已有有害物质排放，被2002年颁布的《小型企业责任以及轻污染工业用地振兴法案》所修改的第101条第35款规定：

为了向法庭表明被告没有理由知道有害物质排放情况，其需要证明：

①在要求建立设施之前，被告已经在该区域执行了适当的要求（被告必须要尽职尽责，达到与联邦环保局建立的“实践标准”相一致的要求）。同时，被告需要使用了这些设备并达到了与商业惯例相一致的标准。

②被告需要采取合理的措施来制止有害物质泄漏的继续发生；排除可能发生的泄露因素；防止或限制人类、环境以及自然资源暴露在先前排放的有害物质之中。

《小型企业责任以及轻污染工业用地振兴法案》为所有者和经营者的责任承担规定了两项例外情形。第107条第17款规定，保护与有害物质排放地相毗邻的土地所有者的利益，并且修改后的第107条第18款同时排除了“真诚的预期买家”的责任，只要该买家不阻碍清洁行动。根据107条第17款的规定，被“毗邻的土地”污染的土地所有者不会被作为第107条第1款所规定的所有者或者经营者来加以处理，当然，前提是被污染的土地所有者没有引起泄露或者为有害物质泄露提供了便利；并且采取了措施以防止有害物质的进一步排放以及防止排放到其土地上的有害物质暴露在外；要与采取清理行动的主体合作；还要采取第101条第35款要求“无辜的土地所有者”所需要采取的“所有的适当的要求”。如果某一私主体因为在购买该毗邻土地时就知道有污染物的存在，而失去了毗邻的土地所有者的免责事由，他仍然可以符合第107条第18条规定的“真诚的预期买家”的免责事由。

第107条第18款从所有者和经营者的责任中排除了“真诚的预期买家”的责任，只要该买家不阻碍清洁行动。第107条第18款的立法目的是取得清洁以及再发展的轻污染工业用地。第101条第40款将“真诚的预期买家”定义为：在其土地上处理的有害物质都是在其购买前泄露的；其已采取了第101条第35款规定要求的“所有适当手段”；其已尽适当的注意义务以防止进一步的泄露以及防止或限制这些有害物质的暴露；其与被授权采取清理行动的主体进行了全面的合作；其不是潜在的责任主体或者隶属于潜在的责任主体。

如果是在这样的一个情况下，即一个在购买该处理厂时知道其存在污染情况的买主，在购买之后没有使该污染情况进一步的恶化，该买主在将污染情况加以披露后，又将该处理厂转让给了另一个私主体，则前一个买主是否需要承担责任？同时根据第107条第1款第2条规定，一个“被动干预的土地所有者”（而非主动防治）的土地上污染扩大或者超出了处理厂范围，其是否需要承担责任？这些问题的答案取决于对第107条第1款第2项以及第101条第40款第1项中的“处理”的定义，这些条款都是与“真诚的预期买家”有关的。第101条第29款规定“处理”需要包括《固体废弃物处理法》中的各种手段，其中包括“排放、储存、注入、倾倒、溢出、泄露以及放置……有害物质到任何的土地和水域”（重点强调）。法院并不赞成依据《综合环境反应、赔偿和责任法》要求“被动干预的土地所有者”承担责任。

在 Nurad, Inc. v. William E. Hooper & Sons Co., 966 F. 2d 837 (4th Cir. 1992)案中，法院认为第 107 条第 2 款第 2 项规定的责任承担主体不仅包括在处理厂“倾倒”和“放置”有害物质的主体，还包括每次废弃物“溢出”和“泄露”时处理厂的所有者。然而，United States v. 150 Acres of Land, 204 F. 3d 698 (6th Cir. 2000)案中，法院认为“处理”需要“人为的干预”，United States v. CDMG Realty Co., 96 F. 3d 706 (3d Cir. 1996)案中，法院认为“‘泄露’和‘溢出’并不需要人为的干预，这两个单词都没有污染物逐渐扩散的意思”。相类似的，在 Carson Harbor Village, Ltd. v. Unocal Corp., 270 F. 3d 863 (9th Cir. 2001)案中，法院认为，“处理”并不包括“被动地从土壤中移除有害物质”，而包括“其他形式的移除活动”，包括将污染物从地下管道或者储藏罐中移除。

第 107 条第 1 款规定，只要是属于上文所述的四类潜在责任人中的一类，联邦法院就可以根据《综合环境反应、赔偿和责任法》，要求这一责任人的合作“继受者”承担责任——这些“继受者”主要是购买有害物质处理厂的股份或者财产的公司。然而，法院在确定“继受者”时，到底适用州政府的公司法还是联邦普通法还存有争议。

在 Louisiana-Pacific Corp. v. Asarco, Inc., 909 F. 2d 1260 (9th Cir. 1990)案中，法院适用了在大多数州都使用的减小“继受者”责任承担主体范围的规范：一个通过购买财产的“继受者”只需要在下列情况下承担责任：①其通过明示或暗示的方式同意承担前任的责任；②继受者与前任之间的交易实际上是一种合并；③继受者实际上仅仅只是前任的延续；或者④这笔交易涉及试图逃脱责任的欺诈。

法院的这一解释使得“继受者(企业)”承担责任变得更为严格。

在 United States v. Carolina Transformer Co. , 978 F. 2d 832 (4th Cir. 1992)案中,法院对“继受企业”规则适用了联邦普通法原则。法院根据《综合环境反应、赔偿和责任法》让继受者承担责任时考虑下列因素:①是否保留了相同的雇员;②是否保留了相同的监督部门;③是否在同样的地点保留了相同的生产设备;④是否生产相同的产品;⑤是否保留了相同的企业名称;⑥资产的延续性;⑦一般商业运作是否具有延续性;以及⑧继受者是否就是前任企业的延续。

最近,在 K. C. 1986 L. P. v. Reade Mfg. , 472 F. 3d 1009 (8th Cir. 2007)案中,第八巡回法庭建立了作为联邦普通法标准的“实质延续理论”来判断继受人是否负有责任。该法院认为,“在最高法院对 Bestfoods 案做出判决后,到底适用何种法律作为判断继受人是否需要承担责任成为了严重的问题,同时,在《综合环境反应、赔偿和责任法》中,也没有任何仅仅因为继受者的交易行为是在州法律规范的约束下就需要用州公司法来判断继受人是否需要承担责任的规定”。然而,在本案的判决中,由于本案案卷中的事实不满足“实质延续理论”,法院拒绝对适用何种法律加以判决。

调整继受者责任的联邦和州法律都有可能被双方协议所修改。例如保证金协议就经常用于解决在资产和商业交易过程中的继受者的环境和其他责任。第 107 条第 5 款第 1 项规定,任何一个保证金协议都不能将《综合环境反应、赔偿和责任法》所确定的责任从第 107 条规定的潜在责任方转移到任何其他主体，但是，“在这一规定之下的细目条款中没有任何关于以协议的形式确保减少损害或者为一方保证某些责任的禁止性规定”。

关于债权人的责任问题，第101条第20款第1项在对“所有者或经营者”的定义中将债权人的责任加以了排除，即将“没有参与设备的管理的人，或者拥有所有权的表象但又主要是为了保护其在设备中的担保利益的人”加以排除。但是，United States v. Fleet Factors Corp., 901 F. 2d 1550 (11th Cir. 1990)案的判决震惊了金融机构以及担保债权人。该案将车队作为了有担保债权人，且认为债权人“在参与废弃物处理设施的财务管理达到一定程度，有能力影响破产的债务人公司对有害废弃物的处理”时需要承担责任(特别强调)。法院认为，对于债权人的责任，并不需要其参与到处理厂的日常操作中去，如果债权人的管理活动“足以支撑如下结论，即债权人只要愿意就能影响有害废弃物的处理，就足够了”。随后，国会通过在第101条第20款下增加了一个第五项对该条款进行了修改，即“将债权人排除在管理的参与者之外”。其中“管理的参与者”的含义为“确实参与了处理设备的管理和运行事务”，不包括仅仅运用能力去影响的设备管理或者不实际去控制设备管理的主体。(注意：对于债权人责任的处理方式与上文提到的Bestfoods案中对母公司的处理方式极为相似。)

5.5.4 责任分配权

根据第107条第1款的规定，尽管在损害分割的基础是合理的，且能对各责任主体的清理费用承担进行合理的分配，但是连带责任仍然是责任承担的主要方式。这样，政府的义务在一定程度上减轻了，即这些责任承担者需要承担连带责任并且需要证明各自承担责任的比例。证明责任的可分性的义务就落在了被告的身上,且被告需要积极地证明自身的义务以减轻自己承担责任的比重。在这样的情况下,作为潜在责任方的责任分担主体就显得非常重要,特别是那些政府为了追偿清理费用而最初选择控诉的主体。

在一次责任分配中,如果一位责任承担者的所承担的责任超出了其本身应当承担的份额,则他可以向其他共同侵权人追偿超出的份额。第 113 条第 1 款规定,任何一个责任主体都可以根据第 107 条第 1 款规定,向负有责任或者潜在责任的承担者那里寻求责任的分担,根据第 106 条以及第 107 条第 1 款规定,“这种追偿可以在公民诉讼之中或者之前提出”,这样主张是受到联邦法律所保护的。为了解决分配问题,法院分配清理费用可以“使用处理责任承担问题时做出适当判决的参考因素”。经常参考的因素主要包括:各个制造者和运输者处理的废弃物总量;各种废弃物的毒性如何;各个责任承担主体在制造、运输以及处理过程中的参与度;各种主体对废弃物处理的重视程度以及各个承担主体与旨在保护公众健康或环境的公共机构的配合度。

第 113 条第 6 款第 1 项的兜底条款规定,即使没有根据第 106 条和第 107 条第 1 款规定提起责任承担诉讼的情况下,也不能剥夺任何责任人因分配问题向法庭提起诉讼的权力。尽管存在这样的兜底条款,在 Cooper Industries, Inc. v. Aviall Services. Inc. , 543 U. S. 157(2004)案中,最高法院还是认为,一个在州的监管下自愿采取清洁措施的潜在责任承担主体,在没有根据第 106 条和第 107 条第 1 款规定提起责任承担诉讼的情况下,不能够依据第 113

条第 6 款第 1 项因分配问题向法院提起诉讼。法院的判决理由是,这一兜底条款的目的是说明,在不根据第 113 条第 6 款第 1 项规定的情况下所提起的分配问题之诉是有效的。法院认为,这一兜底条款本身既不是明确一种诉讼事由;也不是对第 113 条第 6 款第 1 项的扩大解释——授权分配问题之诉可以不在根据第 106 条和第 107 条第 1 款所提起的公民诉讼之中或之后提起;也不是一种指定的分配问题之诉的事由,如果是的话,也是不根据第 113 条第 6 款第 1 项规定所提起的。

Cooper 案的判决受到了根据《综合环境反应、赔偿和责任法》鼓励自愿清理的评论家的批判,特别是在多个上诉法院认为分配问题之诉只有依据第 113 条第 6 款规定才可以提起的背景下,联邦环保局对最高法院的这一判决方法也提出了批评。然而,在 United States v. Atlantic Research Corp. , 127 S. Ct. 2331(2007)案中,法院认为采取自愿清理措施的潜在责任承担者可以根据第 107 条第 1 款的规定向其他潜在责任承担者收回一定的清理费用。这在一定程度上缓解了上述问题。但是这些作为潜在责任者的原告仅仅只能作为第 107 条第 1 款第 4 项第 2 目规定的“其他人员”来提起诉讼,且这些诉讼的事由只能是“已发生的必要清理费用”的追回,而不能是责任分配问题。同时,只有支出了一定的费用且满足了法院判决或行政管理或者法庭调解要求的潜在责任承担主体才可以依据第 113 条第 6 款提起分配问题之诉。

部分案件表明,根据第 107 条第 1 款规定存在潜在责任的被告,可能在根据第 113 条第 6 款规定所提起的分配问题之诉中不承担任何清理费用。在 Kalamazoo River

Study Group v. Rockwell Int'l Corp., 274 F. 3d 1043 (6th Cir. 2001)案中，初审法院发现，被告向河流排放了少于 20 磅聚氯联二苯(相比之下，原告排放了数万磅聚氯联二苯)，上诉法院赞成了初审法院的判决，即被告不需要承担任何清理费用。上诉法院认为，该案"被告所排放的有害物质根本不能对清理有害污染物的总投入产生任何的影响"。

在分配问题之诉中的责任分配可能会因为一些潜在责任承担者的破产或者相应能力不足而变得十分复杂。例如，假设五个潜在责任承担者都需要承担 20%的责任。其中 E 已离开该废弃物处理厂多年，目前该处理厂的所有者和经营者已经破产；其中 A 公司已经根据联邦环保局的行政命令支付了全部的 500000 美元清洁费用，目前正在向 B、C、D 以及其他潜在责任人提起了责任分配之诉；然而，D 只有价值 20000 美元的财产；B 和 C 都主张各自的应承担的责任应当不超过 100000 美元，这使得 A 有可能承担 280000 美元的责任。这就使得出现了两个相互关联的问题：①法院到底是会根据第 107 条第 1 款的规定要求 B 和 C 承担连带责任，还是根据 20%的责任份额让各主体来承担总的清理费用？②法院到底是会将 E 所无法承担的 100000 美元(甚至包括 D 无法承担的 80000 美元)转移给 B 和 C，还是根据 20%的责任份额让各主体来承担总的清理费用？

通常情况下，责任分配一般采取有区别的按份分配，只有少数法院认为连带责任在适当情况下可以适用这种通行的责任分配方式是因为第 113 条第 6 款明确地规定了责任分配时需要考虑"公平的因素"。具体内容见 Browning—

Ferris Industries of Illinois, Inc. v. Ter Maat, 195 F. 3d 953 (7th Cir. 1999)案。在 Pinal Creek Group v. Newmont Mining Corp., 118 F. 3d 1298 (9th Cir. 1997)案中，为了解决上文提到的第二个问题，法院认为，“根据第 113 条第 6 款第 1 项，这些某一主体无法承担的费用需要与清洁费用一样平等地分摊到所有潜在责任者身上”。在上文假设的案例中，通过适用连带责任或者对 E 和 D 无法负担的费用进行再分配，法院有可能将 E 无法承担的 100000 美元的 1/4 或 1/3 分配给 B 和 C，再由 B 和 C 分别承担 D 无法支付的 80000 美元的 1/3。如果不这样处理的话，联邦环保局在提起诉请时只会起诉 A，而不会起诉 A、B 和 C 三方，这样相比于 B 和 C，A 所处的地位将十分不利。

5.5.5 损害赔偿金的标准

另一个主要的问题就是潜在责任方需要负责的清理费用的种类。第 107 条第 1 款规定了《综合环境反应、赔偿和责任法》所覆盖的清理成本以及损害赔偿金通常项目。其中提到了由联邦政府和州政府引起的“迁移或救济费用”，由其他主体引起的“另外的清理费用”以及“对自然资源的损害、破坏以及损失的损害赔偿金，包括合理的评估损害、破坏以及损失的成本”。在《超级基金修正案以及再授权法案》颁布之前，存在着无数关于协议费用、执行费用以及利息的追偿等争议性较强的问题。《超级基金修正案以及再授权法案》将所有可以想象到的与超级基金清洁活动的相关费用都纳入到可以追偿的费用清单中来，以试图解决上述问题。目前，对于健康的评估以及影响的研究经费，与执行费用以及达成保证金协议的费用一起被纳入到了可追偿的范围。然而，作为私主体的原告不能追偿其失去的财产价值以及个人的医疗检查的费用。具体内容见 Price v. U. S. Navy, 39 F. 3d 1011(9th Cir. 1994)案。同时，追偿费用的清单也不能包括律师费用。具体内容见 Key Tronic Corp. v. United States, 511 U.S. 809(1994)案。

根据第 107 条第 6 款的规定，《综合环境反应、赔偿和责任法》中关于自然资源遭到破坏的责任的追究权利应该归美国联邦政府所有，或者归于隶属于联邦的任何州政府，或者是在某一具体情况下归印第安部落所有。该法律没有规定任何私主体可以自然资源破坏为由来提起诉讼的内容。同时该法律授权总统或者"授权某些具有代表性的州"来行使该权力，这些授权主体"作为自然资源的受托人，必须要代表公众的利益"。追回的资金必须由受托人"用于恢复、代替或者获得同等"的遭到损害、破坏以及损失的自然资源。第 101 条第 16 款规定，"自然资源"的定义为土地、鱼类、野生动物、生物群、空气、水源、地表水以及其他属于美国联邦、各州或当地政府、其他地方政府或者印第安纳部落所控制的、管理的或者是受托的资源。

怎样才能评估出损害赔偿金的具体数额？第 301 条第 3 款规定，总统需要为自然资源的"损害、破坏以及损失的赔偿金评估"颁布标准：

(2)这样的标准必须详细地说明：A. 简化的标准评估程序要求必须要进行最低限度的实地调查，包括确立以排放多少、泄露多少，或者以污染面积的大小为基础的损害赔偿金标准。B. 针对个别案例进行评估的替代性方案标准,[①]这些替代性方案可用于测定短期的或者长期的损害、破坏以及损失的类型和范围。这样的一个标准必须是识别损害的最佳有效的程序,必须要能识别直接和间接的伤害、破坏或者损害,同时,这个标准必须要考虑各种因素,包括替代价值、使用价值、生态系统或者资源恢复的能力。

评估的"标准程序"指的是上文的 A 类型评估方式,评估的替代性方案标准指的是上文的 B 类型评估方式。

总统将颁布标准的责任委托给了内政部。1986 年,内政部颁发了包括 A 类型和 B 类型评估方式在内的最终管理标准。这两种类型的评估方式都遭到了州政府、环保组织以及工业团体的反对并向法院提出了异议之诉。在 State of Colorado v. United States Dept. of Interior, 880 F. 2d 481 (D. C. Cir. 1989)案中,A 类型评估方式得到了法院的支持。然而,在 Ohio v. United States Dept. of Interior, 880 F. 2d 432 (D. C. Cir. 1989)案中,B 类型评估方式中的大部分内容都被认定为违反了《综合环境反应、赔偿和责任法》的规定。

在 Ohio 案中,最为重要的问题是确认调整 B 类型评估方式的条款是否有效,该条款规定在对为了开发自然资源而进行的破坏评估时,应该减少对"恢复费用或者替代费用,或者降低其使用价值的减少量"等因素的参考。法院认为,按照《综合环境反应、赔偿和责任法》,内政部没有权力认为这些使用价值和恢复费用与自然资源损害赔偿金标准

① 这一标准就是按照恢复自然资源原状的替代性方案的投入多少来确定损害赔偿金的数额。

一样，具有“同等的可推测的合法性”。在法院所引用的条款中最基本的是第 107 条第 7 款第 1 项。该条款表明，由自然资源受托人追回的损害赔偿金必须由受托人“用于恢复、代替或者获得同等”的自然资源，确定损害赔偿金的标准“不能被恢复和代替自然资源所投入的资金所限制”。法院认为国会的意图十分明确，即将自然资源恢复的费用作为损害赔偿金的标准。

5.5.6 清偿

《综合环境反应、赔偿和责任法》第 122 条第 1 款规定，清偿协议只要满足在“任何时候都切实可行，并以公共利益为重”的要求，就可以以此来减少不必要的诉讼并且可以依靠超级基金来开展有效的救济行为。根据第 122 条授权所确立的推动清偿的手段有：促进成本分配的便利，减少交易成本以及其他的推动清偿的措施，主要包括①对于小范围的有害废弃物污染的责任者，要求其给予少量且尽快的清偿；②联邦环保局为潜在的责任者建立非约束性的初步责任分配制度；③使用来自联邦、州和潜在责任人的多方资金达成混合基金协议来清偿清洁成本；④保证不起诉，以要求潜在的责任人将来清偿由联邦所做的，用来解决有害废弃物排放的救济行为；以及⑤利用中立的第三方来制定可替代的争议解决方案，以帮助解决责任确定以及责任分配问题。

第 122 条第 7 款是关于少量清偿的规定，该条款被 2002 年颁布的《小型企业责任以及轻污染工业用地振兴法案》所修改。该款新增加的细目第 7 项规定了联邦与责任较小的潜在责任人（没有能力或者有部分能力来支付清洁费用）之间附条件的尽快清偿协议。在决定清偿能力时，联邦环保局需要考察潜在责任人是否可以“支付清理费用以及保持着基本的业务往来”。

第 122 条第 4 款第 1 项第 1 目规定，总统会出于对第 106 条规定的救济行为的尊重，随时可以与潜在的责任人达成清偿协议，除了第 122 条第 7 款关于少量清偿的例外规定，即“需要被美国地方法院加以制裁的协议”。

除了第 122 条的规定，在《综合环境反应、赔偿和责任法》中另外一个对清偿起着重大意义的条款是关于责任分配第 113 条第 6 款第 2 项：

> 一个解决了联邦或者州政府或法院所批准的清偿协议中的责任的主体，不需要承担在清偿中的分配责任。这种清偿方式并没有免除其他潜在责任人的责任，除非有例外规定，但是其的确通过协议所确立的数额减少了其他主体的潜在责任。

5.6 对化学事件的强制报告

国会在 1986 年颁布了《综合环境反应、赔偿和责任法》修正案的同时，也颁布了《突发事件计划与公众知情权法》(EPCRA)。《突发事件计划与公众知情权法》的两个主要的立法目的：一是支持强制地方政府发布化学事件报告；二是为公民和各级地方政府发布以社区为单位的化学事件的信息。国会在该法中制定了三条实践该立法目的的条款，第一个条款是关于政府对突发事件的应急预案；第二个条款是关于私有企业发布突发的化学品排放通告；第三个条款是关于化学品生产、制造、使用以及排放的信息编辑与报告。

第一个条款要求各州建立突发事件应急委员会以及各地方的突发事件应急委员会。后者的突发事件应急计划必须包括:除了别的处理厂,该计划必须要标明当前那些位于法规指定的“极端有害物质”所在地的处理厂;报告这些有害物质排放情况的方法和程序;公众知晓程序;撤退或疏散计划。

第二个条款要求这些处理厂的所有者和经营者必须要向各州突发事件应急委员会以及各地方的突发事件应急委员会报告有害物质排放情况。这些报告必须要包含着一些特殊的信息,主要有化学物的排放数据、估计的排放总量、排放的时间与持续时间、已知或者潜在的急性或慢性的健康风险,以及给个人的适当的医疗预防和注意建议。

第三个条款要求这些处理厂的所有者以及经营者通过向州和地方通告有害化学物质的储存、使用、制造以及排放情况的方式,来告知公民在其社区内的化学物质的含量。

《突发事件计划与公众知情权法》所收集的所有信息都是有利于公众的。同时,“处理厂有害物质排放清单年度报告”(TRI)为公民描绘了企业将会带来空前风险的情形,并且刺激了企业通过减少其排放物来挽救企业自身的声誉。

5.7 刑事责任

大多数联邦环境法中都包含着刑事责任。与民事责任一样,国会也为故意或过失违反污染物控制标准、限制、许可以及批准规定相应的刑事责任。这些规范很少规定侵权者应当在何时需要在承担民事责任的同时还需要承担刑事责任。同时,国会也要求那些没有对有害物质排放情况进行报告或者报告错误的信息的责任者承担刑事责任，例如《综合环境反应、赔偿和责任法》第 103 条第 2 款以及《突发事件计划与公众知情权法》第 325 条第 2 款中的相关规定。

5.7.1 故意犯罪

在环境刑事案件中最常被提起的法律问题是在定罪时，被告的行为所体现的主观方面到底需要到何种程度。例如，《资源保护与循环利用法》第 3008 条第 4 款规定——被联邦公诉人经常使用的环境刑事条款——确定某人罪与非罪：

①故意运输或者故意教唆运输本章目录中的有毒有害物质到根据本法没有取得相关许可的处理厂中……

②故意加工，储存或者处理本章目录中的有毒有害物质——

A. 没有取得本章要求的许可……

B. 故意违反了许可要求的物质条件以及其他的要求……

在 United States v. Laughlin, 10 F. 3d 961 (2d Cir. 1993)案中，被告因为故意没有按照《资源保护与循环利用法》第 3008 条第 4 款第 2 条第 1 项规定取得许可就处理了有害物质而被起诉。初审法庭告知陪审团，政府需要证明被告明知“处理杂酚油污泥会对其他人或者环境造成潜在的伤害，也就是，杂酚油污泥并不是像没有遭到污染的水源一样没有危害”，但却故意处理杂酚油污泥的事实。

作为抗辩理由，被告认为上述条款中所规定的“故意”的适用不仅仅是禁止这些行为——加工、储存或者处理有害物质——同时还适用于根据《资源保护和循环利用法》，从一般废弃物中识别有害废弃物或者建立有害废弃物目录的事实;同时还适用于其公司员工没有相应的许可事实。被告提出,陪审团应该被告知,政府需要证明作为本案定罪的最重要的部分,即政府需要证明被告是否意识到《资源保护和循环利用法》可以适用杂酚油污泥以及是否知道其公司员工没有取得处理资格。

在否认被告的抗辩理由中,法院适用了著名的"公共福利犯罪"理论:

当对主观方面的规定成为了约束有害或危险物质的法律规范的组成部分,最高法院决定被告主观方面时要取决于被告的客观行为;同时,被告是否知道法律的规定无关紧要。见 United States v. International Minerals & Chem. Corp. (S. Ct. 1971)案(在起诉被告故意违反有害物质法规时,政府并不需要证明被告知晓了相关法律规范,只需要证明被告是否意识到其在从事有害物质运输等工作)。

相类似的,在 United states v. Sinskey, 119 F. 3d 712 (8th Cir. 1997)案中,法院根据《清洁水法》,判决被告罪名成立。被告反对法院根据《清洁水法》第 309 条第 3 款第 2 项第 1 目的规定给陪审团提供建议的做法,而根据其他法律条文,处罚只有在故意违反第 301 条或者在实施第 301 条中故意违反规定的许可中的某一条件和限制时才会出现。为了让陪审团发现被告存在故意犯罪的情形,法院指出证据必须要证明被告"本身意识到了自己行为的本质,且该行为是其自身意愿的体现,并不是因为无知、错误以及事故而导致被告的行为"。上诉法院认为,政府不需要证明被告意识到了其行为违反了《清洁水法》或者意识到其公司员工没有"国家污染物排放削减"排入—排除许可证,"只需要证明被告意识到其行为是由于违反了许可要求所致"。

这样的解释不仅表明了在美国法律体系中的一般认识是,缺乏对法律的了解不是免责的事由……,同时也与最高法院的解释观点相吻合,在 United States v. International Minerals & Chem. Corp 案中,……最高法院意识到“危险的或者有害的废弃物物质”是需要加以关注的,每一个处理这些废弃物的加工者都“需要被假定”为知道这些法规的存在。

Sinskey 案的主审法院与 United Stated v. Ahmad, 101 F. 3d 386 (5th Cir. 1996)不同,在 Ahmad 案中,废弃物储存场的所有者将埋于地下的汽油储藏罐中的物质抽出并排放到了有水流经过的区域,这直接导致了汽油进入了城市的下水道系统和附近的河流。在初审中,被告宣称他只是想排除汽油灌中的水,并认为根据《清洁水法》第 309 条第 3 款第 2 项第 1 目,政府不仅要证明被告知晓了其排放了一些物质,并且必须要证明被告知道其排放的是汽油。第五巡回法庭否认了被告的主张。Sinskey 案的主审法院认为“Ahmad 案涉及一起经典的事实错误的辩护,但是这一经典的事实错误的辩护并不能适用于 Sinskey 案”。

5.7.2 过失犯罪

在 United States v. Hanousek, 176 F. 3d 1116 (9th Cir. 1999), cert. denied, 528 U. S. 1102(2000)案中,被告声称,其由于过失将有害的石油排入了联邦的通航水道,从而违反了《清洁水法》第 309 条第 3 款第 1 项第 1 目以及第 311 条第 2 款第 3 项。被告认为,初审法院错误地告知陪审团,政府不需要证明被告存在犯罪的过失,而仅是一般意义上的过失。在被告的抗辩中,被告将犯罪的过失界定为“显著地违背了理性人应尽的注意义务”。然而,地区法院告知陪审团政府只需要证明被告存在过失，且法院将该过失界定为“未尽到合理注意义务”。在定罪中，上诉法院认为：

如果国会打算确立一个要求较高的过失标准，其就应该将该标准加以细化，就像在《清洁水法》第 311 条第 2 款第 7 项第 4 目中增加民事处罚那样规定“在任何一个案件中违法……都是显著的过失或者渎职的结果”。

按照我们在 United Stated v. Weitzenhoff 35 F. 3d 1275 (9th Cir. 1993)案中的所确立的观点，即《清洁水法》中的刑事责任条款实际上就是公众福利立法的体现，这种公共福利立法要求具有一般过失且没有犯罪过程的行为也可以被施以刑事处罚。综上，我们认为，将《清洁水法》第 309 条第 3 款第 1 项第 1 目解释为“具有一般过失的行为也可以被施以刑事处罚”是不违背正当程序的。

5.7.3 承担刑事责任的公司员工

在《清洁水法》与《清洁空气法》中的刑事责任的条款中，国会明确地将公司员工纳入了需要承担刑事责任的一类人中。在 United States v. Brittain, 931 F. 2d 1413 (10th Cir. 1991)案中，该案被告涉嫌违反《清洁水法》的规定，将原污水排入河流，作为个人，被告认为其不是《清洁水法》中刑事条款的适用对象。法院说明，承担责任的员工(RCO)并不需要是直接违反法律规范(可能会引起刑事责任)的个人。法院认为：

在这一解释下，需要承担刑事责任的“承担责任的员工”并不需要是因“渎职和过失”而引起违法行为。也就是说，那些因“渎职和过失”的责任承担者可以通过其各种职务责任去追究其责任，没有必要对其专门加以规定。

然而，实际上，在 Brittain 案中，作为个人的被告的确知道非法行为的存在，且直接引起了危害结果的发生并被有关部门所隐瞒。至此，法院对“承担责任员工”的范围明确为只要知道该非法行为的存在，就需要承担责任。法院声明只有在这种情况下，才需要员工承担责任。但是，联邦公诉人员并没有在后续的起诉中一直支持该声明。

在 United States v. McDonald & Watson Waste Oil Co.，933 F. 2d 35(1st Cir. 1991)案中，根据《资源保护与循环利用法》第 3008 条第 4 款第 1 项规定，该公司的负责人被判决罪名成立，该负责人在明知没有相应许可下，仍然故意运输并故意教唆运输有害物质至处理厂。在判决意见中，法院认为：

我们同意……是否知道该违法行为需要从反映当时环境的证据中加以推论，这些证据包括作为被告的公司员工的职位与职责，以及公司在之前给被告提供信息。更进一步，事实上造成了渎职就足以认定其“知道该违法行为的存在”。然而，……仅仅只有员工职责……并不能足以证明其直接导致了后果的发生或者知道该违法行为的存在。

美国的司法部门在后续的起诉中支持了上一个案件的判决。

在 United States v. Iverson，162 F. 3d 1015 (9th Cir. 1998)案中，被告是一家化学混合物公司的出资人、经理以及股东委员会的主席。这家化学品公司用桶来运输化学品，这些化学品是回收用来清洁和再利用的。化学品清洁的程序中所产生的废水要受到《清洁水法》的约束，但是这家化学品公司没能获得这些废水的排放许可，并且使用了非法的方法来处理废水。尽管被告在确定为犯罪嫌疑人之前就已退休，但是他还是在从该公司处获得收入，在州签署的文件中作为公司的负责人，并且给公司的员工发布命令，包括给负责运输桶清洁的员工。被告在这些桶被清洁后曾在公司出现过，并且告诉这些清洁的员工，如果他们被有关部门抓住，公司也仅仅只会受到很小的处罚。

为了论述 Iverson 罪名成立，上诉法院赞成初审法院给陪审团的通告，即陪审团可以排除一切合理怀疑，认定该被告是“负有责任的公司员工”，首先，该被告知道这些污染物会被公司员工排放到城市的污水系统中去；其次，被告有权也有能力阻止排放；最后，被告没有成功地阻止继续排放污染物。法院否认了被告的抗辩，即公司员工只有在“能控制引起污染物排放的活动时或者公司给予了该员工监督这些活动的职责时”才需要承担责任。

在 United States v. Ming Hong, 242 F. 3d 528 (4th Cir. 2001), cert. denied 534 U. S. 823 (2001)案中，被告 Hong 规避了与 Avion 公司(一家废水处理公司)的一切正式关系并且不能被认为是该公司的员工。尽管如此，他仍然控制着这家公司的财政以及在这家公司的运作过程中发挥着至关重要的作用。Hong 明知道新要求的公司处理系统仅是废水处理过程中的最后一步，并不能够用来作为其他的处理步骤的处理设施。尽管知道这一缺陷，在 Hong 的认可下，Avion 公司还是将新要求的处理系统作为该公司污水处理的唯一手段。当这一系统被废水填满时，该公司员工违反 Avion 公司获取的《清洁水法》排污许可的要求，将废水直接排入市立的地下水系统。适用“负有责任的公司员工”的理论，法院根据《清洁水法》第 309 条第 3 款第 1 项第 1 目的规定，认为被告由于过失而违反了《清洁水法》中的初步处理的要求，故判处被告罪名成立。

5.7.4 起诉的自由裁量权

正如本节的开头所提到的，国会并没有规定应当在何时或者以何标准判断需要侵权者在承担民事责任的同时还需要承担刑事责任。这样，这一判断的自由裁量权就落到了行政部门下的执法机关手中了。自从 1991 年司法部门宣布鼓励各公司自愿实施环境政策并对相关信息加以披露后，这成为了减轻执法部门刑事起诉权实施的重要方式。

联邦起诉的大量的案件都是受联邦环保局委托的（联邦环保局经常通过“发言人的忠告”里获悉一些问题，这些“发言人”实际上就是先前和现在故意或者有意违反环境要求的公司员工）。在 1994 年，联邦环保局通过一个刑事调查来颁布了一个关于调查的自由裁量权的指导意见。这个指导意见制定了一个特殊的标准，并要求联邦环保局调查者在开始刑事调查时需要参考上述标准。调查员在确定刑事案件时需要参考两个标准，即存在“重大环境损害”以及“应受惩罚的行为”。这些标准，反过来，也可以被划分为多个表明该案是否可以归为刑事案件的因素。对于“重大环境损害”，可划分为①实际的损害，②存在重大损害的危险，③没有报告污染物排放，④受管理的主体存在不服从的趋势或者普遍不服从；“应收惩罚的行为”可以被划分为①有多次违法的历史，②明知故犯，③隐藏不正当的行为或窜改数据，④调整污染物监管或控制装备，⑤在没有必要的许可下进行与污染物相关的活动。

在 2000 年颁布的一项政策陈述中，联邦环保局认为，在以主动发现、及时披露以及迅速纠正违法行为的法律实施措施中，在处理的确存在潜在的应受处罚行为时，追究刑事责任这一方式并不是经常关注的对象。避免运用刑事起诉权的其他重要的因素是，这些违法行为往往不会再三重复，司法机关缺乏与执法机构合作的意愿。然而，即使联邦环保局不希望起诉企业实体，但是其还是有可能会起诉该企业中应受处罚的个人。

5.8 普通法救济

在国会和州的立法机构不断地制定旨在防止未来暴发以及整治当下存在的各类环境问题的法律规范的同时，州和联邦法院受理的环境侵权诉讼也一直在增加，这些侵权诉讼的诉请主要是寻求赔偿和惩罚性的损害赔偿金，偶然也有寻求颁布禁止令的诉讼，这些诉讼的原告都声称受到了有害物质的伤害或者受到了有害物质伤害的威胁。这些侵权案例在很大程度上向现有的法律体系提出了挑战，有时也把现有的法律体系曲解到了极限。

在侵权案件中，各种诉讼事由对作为私主体的原告来说都是通用的。例如，在相邻土地的所有人都受到了有害废弃物处理厂的伤害或威胁，则这些相邻土地所有人可以提起诉讼的通用诉讼事由包括：公害、玩忽职守、侵权、严格责任、精神压力、患病风险增加以及医疗检查等。在 Branch v. Western Petroleum, Inc., 657 P. 2d 267 (Utah 1982)案中，原告提起诉讼的诉讼事由包括上文提到的除了患病风险增加以及医疗检查以外的其他各种；在 Ayers v. Township of Jackson, 525 A. 2d 287 (N. J. 1987)案中，原告提起诉讼的诉讼事由包括精神压力、患病风险增加以及医疗检查。

在有害废弃物的损害赔偿金追偿案件中，原告需要解决的首要问题是证明被告的行为已达到了需要承担责任的标准。尽管被有害物质侵权的原告多次以产品责任理论（该理论认为制造者需要对有瑕疵的产品承担严格责任）为依据向法庭提起诉讼，但是在没有被告配合的情况下，案件处理中的具体责任标准就难以弄清。对于有害废弃物泄露，得到普遍认可的责任检验是《民事侵权行为重述（第二版）》中所论述的方式，在这样的检验方式之下，尽管侵权者格外小心，但是只要侵权者的行为具有"异常的风险"，就需要承担责任。为了测定侵权者的行为是否具有"异常的风险"，法院必须要权衡可预见伤害的可能性以及严重性，权衡这种行为是否异常以及所处的位置是否合适等其他因素。具体内容可见 1977 年颁布的《民事侵权行为重述（第二版）》第 520 条。因此，过错成为了侵权行为重述评估中的重要因素。然而，也有一些法院拒绝考虑过错因素，这些法院的检验方法开始超出了"异常的风险"检验方法，如在 State Dept. of Environmental Protection v. Ventron Corp.，468 A.2d 150（N.J. 1983）案中，被告的土地上的有害物质泄漏而导致了原告经济损害的发生，法院采取了严格责任原则来要求被告承担责任。

《民事侵权行为重述（第三版）》中人身损害责任（全部原则）第 20 条规定，对于被告采取的具有"异常的风险"行为而导致的人身损害，在责任承担上需要采取严格责任原则。如果被告采取的行为对人身会造成一种可预见的且"高度危险"的伤害，那么即使在行为过程中已尽到了应有的注意义务且该行为不是一般的行为，被告的行为也应当被归于"异常的风险"行为，且需要承担严格责任。一个报告者对上述第 20 条发表评论说，人身伤害的风险可能会受到两个因素的重大影响：一是伤害的可能性非常高；二是伤害的严重性十分恶劣。

即使被告的行为达到了需要承担责任的标准，一些障碍也可能会导致追偿难以实现。如联邦成文法的一些限制性条款使得在一些州中责任追偿难以实现。然而，1986 年颁布的《综合环境反应、赔偿和责任法》规定，由于有害物质排放而导致的个人人身伤害以及财产损害可以依据州法律提起起诉，诉讼时效从知道或者应当知道损害原因之日起开始计算。

另一个问题是被告与物质泄漏之间的联系问题。例如，许多有害废弃物的制造者把类似的废弃物用船运达泄露现场，这就很难确定污染是由哪家的容器所泄露的，也很难确定各家具体的泄露量。一个类似的问题已在追究产品责任的案件中出现。在 Sindell v. Abbott Laboratories, 607 P. 2d 924 (Cal. 1980), cert. denied, 449 U. S. 912 (1980)案中，原告的母亲在妊娠期间服用了乙烯雌酚，虽然当时常把乙烯雌酚用于防止流产，但是现在已发现这种药物能使服用此药的孕妇产出的婴儿患上某种罕见的癌症。在患上这种癌症之后，原告控告了 200 多家乙烯雌酚制造者们中的 11 家。尽管原告不能证明她母亲服用的是哪家制造者生产的乙烯雌酚，法院认为，原告已阐明了诉讼事由。根据使用的药剂处方与几家制造商有关的事实，法院认为，被告"有较强的能力承受生产有缺陷产品导致的伤害费用"。然后，法院采取了一个新的产品责任理论，即根据各个被告生产的乙烯雌酚在市场上的销售份额为基础，法院要求每个被告都对原告负有一份法律责任。同样，对于有害废弃物导致的事实不清的污染，也可以参照上述案例中产品责任承担的方式去追究责任。

Sindel 案理论以及相关的理论解决了将被告与化学品排放相联系的问题。但是一个更为难以解决的问题是，化学品的排放如何与原告的伤害建立联系。正如我们所了解，有害化学物质的管理涉及大量的科学知识。这些科学上的不确定性使得政府管理面临着严重的问题，更使得作为私主体的原告在试图通过证据上的优势以使得被告承担责任的过程中，面临着更为严重的问题。

在考虑赔偿时，尤为重要的是两个关于因果关系的问题。第一个问题是，要证明案件所涉及的化学品能够引起原告损害的发生，而这往往是较为困难的，就像癌症的起因一样，到目前为止，人们还是知之甚少。基于这一原因，医学理论在解决实际问题时也显得苍白无力。在案件的解决过程中，事实本身很难得到一个明确的解释。许多有害物质新近才出现，引起癌症的潜伏期会很长，在可预见的未来不太可能发现对健康影响的充足证据。同时，使用动物进行研究尽管有益，但往往会涉及高剂量的问题，因为使用高剂量就难以推测出使用低剂量的长期累积的不良后果。还有一个问题是，推论的结果在两个物种之间是否有效。同时，流行病学研究在损害与排污行为的因果关系的确定上有一定效果，但是在有害物质产生的危害比重方面的研究却不能令人信服。

因果关系证明中的另一个问题是，原告所受到的损害事实上就是这种有害物质所引起的（如果这种有害物质能够引起原告所遭受的那种损害）。一种化学物质可能会加速某种疾病的流行，所以可以确信，接触这种化学物质的部分成员会受到伤害，然而，另外的一部分人，也可能遭受其他化学物质的伤害，而这两种伤害的结果实际上又是很难区分的。在司法实践中，表明接触化学物质和患疾病两者之间关系的统计数据是十分缺乏的，所以就很难证明原告的疾病与接触某种有害化学品之间存在因果关系。

为了解决上述问题，原告在案件的处理中必然需要提供大量的专家证言。在 Daubert v. Merrell Dow Pharmaceuticals, Inc., 509 U. S. 579 (1993)案中，下级法院认为，原告想要提供给陪审团的专家证言不能予以认可，因为该专家证言没有依据流行病学研究而取得，并且没有得到科学界的“普遍认可”。本案上诉到最高法院后，最高法院撤销了该案原判决并发回重审，最高法院的 Blackmun 法官认为，下级法院适用的得到学界“普遍认可”证明要求已被《联邦证据规则》中的更为宽泛和灵活的证明标准所取代。具体内容见 Frye v. United States, 293 F. 1013 (D. C. App. 1923)案。《联邦证据规则》第 702 条规定，“为了满足‘科学知识’的要求，作为证据的科学推断以及声明必须要是通过科学理论推导出来的，并且需要经过检验”。而将在学术期刊上发表的内容作为得到同行认可的观点是不充分的，其只是法官在检验内容是否满足“科学知识”时需要考虑的一个相关因素。法院意识到“在司法实践中，作为守门员的法官，不管多么灵活，都会不可避免在一些偶然的场合阻碍了陪审团使用正确和新的方法来判断专家证言的科学性。尽管如此，《联邦证据规则》所确立的这一证明要求实际上是理论和实践的平衡，即证明要求并不需穷尽所有的科学知识，只需要那些能够解决案件争议的知识即可”。法院否认了原告的主张，即国会试图许可陪审团运用对抗式程序来解决涉及科学争议的问题，就像他们在解决经济理论以及其他复杂问题时运用的手段一样。

Daubert 案发回重审的上诉法院再次认为，原告所提交的专家证言无法得到法庭的认可。法院认为，原告既没有向法庭证明专家证言是由某位专家先前的研究成果以及在某诉讼中被法庭采纳，也没有证明该专家意见已得到了同行的认可。具体内容可见 Daubert v. Merrell Dow Pharmaceuticals, Inc., 43 F. 3d 1311 (9th Cir. 1995)案。

在 2000 年，《联邦证据规则》第 702 条被由 Daubert 案所确立的原则有所修改。目前该条规定，专家证言可以被采纳只要："①专家证言依据了足够的事实和数据，②专家证言依据了可靠的原则和方法，③有人可以证明这些可靠的原则和方法已被运用到了本案的事实中去。"

为了获取补偿金，人身损害法中的一个基本原则是，原告需要证明其所受的伤害是人身伤害的一种。这就引入了人身伤害案件的另一个主要的问题，即"潜伏期"问题，也就是有害物质所导致的疾病的症状不会在短期出现。是否原告可以在还没有出现人身伤害的慢性症状的情况下，以有害物质的威胁以及患病的风险，来提起诉讼以寻求一些形式的法律救济？

在 Ayers v. Township of Jackson, 525 A. 2d 287 (N. J. 1987)案中，法院区分了四种在将来可能会因有害化学物质而出现的潜在伤害情形：

①目前，原告已存在人身伤害现象，且有可能恶化或者发展成为某个更为严重的疾病；

②原告目前还没有出现人身伤害或疾病情形，但是发展成为特殊疾病的风险在增加，如在将来会出现癌症；

③由于怀疑自身已患病，原告目前面临着精神压力，通常是担心和紧张焦虑，且有可能伴随着身体上的反应；

④还是因为将来患病风险的增加，原告为了现在或将来可能会出现的疾病所做的医疗检查而产生的花费。

原来法院在处理上述前三种情形的方式是，只要原告宣称存在"风险增加"或者"精神压力"就不给于其赔偿，除非原告可以证明未来患病的概率已经超过了50%。

然而，对于上述的第四种情形，在re Paoli R. R. Yard PCB Litigation, 916 F. 2d 829 (3d Cir. 1990)案中，法院支持了原告的"医疗检查"的主张，只要其满足下述条件：①原告必须证明被告的过失行为已导致了大量的有害物质排出；②原告接触有害物质结果使最有可能诱发潜在的严重疾病的风险不断增加；③患病风险的增加使得医疗检查是合理的、必须的；④ 这些检查和检验程序能增加疾病尽早发现的可能性且对治疗有益。

在许多医疗检查案件中，法院都是采取传统的以被告支付大量的赔偿金这种方式来进行处罚，这也是原告一般追求的处理方式，在 Metro－North Commuter R. Co. v. Buckley, 521 U. S. 424 (1997)案中，这一传统被法院所抛弃。然而，在大量的案件中，不管是法院还是当事人都仍然愿意采取传统的方式来处理这类案件。同时，并不是所有的法院都认可将医疗检查纳入诉讼事由中去。在 Hinton ex rel. Hinton v. Monsanto Co. , 813 So. 2d 827 (Ala. 2001)案中，法院认为，"很长时间以来，阿拉巴马州的法律都需要原告在起诉人身损害之前存在真实的人身损害……在本案中，原告并没有现存的人身损害"。

随着分子生物学以及基因组的发展，传统的危险和伤害的概念也应该发生变化。新的技术将使我们意识到，人们对化学污染物与疾病之间发生生物学上的联系的认识会取得不断进步。法院需要在没有出现传统的症状之前开始重新考虑这些潜在的疾病在何时会对我们的身体产生危害。

第6章　对自然区域的保护

清洁空气和水源与保护公众远离有害化学物质一样，都是环境法的重要目标之一。但是，环境法所寻求的另一部分目标与前面所提到的目标虽然密切相关，但是还是有所不同。实际上，就这后一部分的环境法目标所产生的时间来看，它要大大地早于人们对污染防治的努力。当然，这后一个目标就是保护荒地和其他自然区域。

我们已在前文讨论了多个与此目标密不可分的成文法。例如，《国家环境政策法》第101条第2款规定，政府需要“履行每一代人作为其子孙后代的环境受托人的义务”，以“保证为全体美国人创造一个安全、健康、富有生产力并在美学和文学上丰富多彩的环境”和“保护……我们民族所传承下来的重要的……自然特征”，见《美国法典》第42卷第4331条第2款。依据《国家环境政策法》的规定提起的诉讼的诉由往往是，上述这些因素是否已经在环境影响报告书中给予了充分的考虑？正如我们所了解到的，《清洁水法》中同样包含着保护湿地的内容，《清洁空气法》的很多条款与保护公园和荒野区域有关。

在本章中，我们将主要探讨对各自然区域内的土地开发直接规定的各种限制。这些限制的作用在于防止那些希望通过利用某种特定区域获得经济利益者们从事开发行为。在本章中，我们还将探讨这些限制在各制定法和宪法中的含义。我们也将讨论对海岸水域的保护措施以及对公有土地上的资源开发所施加的各种限制，然后，我们将对濒危物种的保护做简要的论述，即以一个不同的方式在这些区域适用的政策。

6.1 目标是保全各自然区域

在我们讨论对开发所加的各种限制之前，需要先弄明白之所以要加以限制的一些理论问题。在一个世纪之前，这种防止开发那些“无用”的荒野区域的想法，会被大家认为是十分荒唐无稽的。很明显，凡持有这种看法的人，将对我们在此讨论什么保护自然区域的法律保障事宜提出质疑，往好了说，是无法理解的；往坏了说，则是犯神经病。那么，主张保全各自然区域的理由到底是什么呢？

由于几种典型的、可互相替代的土地利用方式都是可以获得经济利益的，因此，首先从经济角度出发来讨论这一问题。恰如我们已经在本书前几章讨论过的，现代经济学家们所持的典型观点是，自由市场是决定资源分配的理想手段。有人主张，应当将这种模式沿用于各荒野区域。如果真这么做的话，那么，美国著名的大峡谷地区就应当卖给报价最高的那个人。如果该报价最高的人是塞拉俱乐部，那么，该大峡谷就能得到拯救而保存下来；反之，如果该报价最高的人是某露天采矿公司，则该大峡谷将成为一个大矿区。凡是希望保全这些荒野区域的美国人都会面临这种挑战并竭力反驳这种观点。

我们可以在这里提出一些有利于荒野区域保全的经济

学观点。在前面已经谈过,只要存在公用物品或者外部因素,自由市场机制就会顷刻瓦解。我们可以说,在荒野区域的保全中就存在着这两种情况。有许多人,即使他们现在还没有利用各荒野区域的打算,也认为保全这些荒野区域是值得的。我们可以把他们认为是一群对荒野区域具有人们所说的"选择性需要"的人。也就是说,这些人愿意花钱,而为他们自己和他们的子孙后代保全未来使用这些荒野区域的选择权。范围更广点来说,有些人,他们可能并不期望在将来的某一天去利用这些荒野区域,但是,可能仍然倾向于应当保护这些荒野区域,并视之为是一种伦理价值的体现。这些人将应当保全的这些荒野区域被看作是一种公共物品。理由很简单,一旦荒野区域被保全下来,那么,并不能将那些不想保全这些荒野区域的人排除在其受益者行列之外。人们普遍地认为,鉴于这些荒野区域是一种"公用物品",因而,应当对它适用非市场机制的解决办法。除此之外,在荒野区域的保全中,也存在着一种外部因素,许多生态学家可能会在对以往的生态变化加以研究的基础上,提出下列建议:大范围、大规模地改变着未开发地区的环境,可能会对该地区及其他地区带来不可预见的恶果。例如,开发各河口、港湾或沼泽地区可能会对各种野生动物、海洋生物产生间接的影响,因而损害渔民和猎户们的利益。这类"外部因素"的存在,为荒野地区的保护提供了与污染防治相同的基础。

另外,对于这些"外部因素"来说,还有一个"时间因素"——即将受到此种开发活动影响的人中,也应当包括尚未出生的子孙后代。因此,一些经济学家提出,这些与时间的延续而成正比的不良影响最终可能会变得十分巨大。世界上荒野区域的面积大小是受目前它能满足人们需要的程度制约的。当然,将来可供利用的荒野区域的面积会比今天的更小。因此,荒野区域的保全,看起来就像保全了一种生活必需品,即一种会随着人们收入的增加而增大对它的需求量的物品。如果我们假定经济增长会持续下去,那么,其结果必然是,个人收入越高,对荒野区域的需求就越大。因此,我们可以预测,子孙后代对荒野区域的需求将比当代人更大。忽视子孙后代的这种愿望,就会导致资源分配的严重错误。所以,即使从新古典主义经济学的观点出发,保全各荒野区域的做法也是有充分理由的。

很清楚,当今的社会已经做出了有利于荒野区域保护的价值观判断。这一点,即可以从将在本章中加以讨论的各种制定法中看到,也可以从更为直接的民意测验结果中看到,这些测验中,民众一致认为需要保护荒野区域。

在记住了这些背景材料之后,我们就可以转而讨论那些因为试图禁止某些个人在私有土地上从事的开发活动而产生的问题。

6.2 对私有土地的开发的限制

许多具有重要环境意义的土地,尤其是湿地和海岸带中的许多土地,是属于私人所有的。在本节中,我们不想对限制在这些土地上进行的开发活动的五花八门的州立法加以评述,而将重点放在讨论一些与宪法有关的问题上。我们首先要考虑的是,联邦政府对在私有土地上从事的各种开发活动实施管理达到何种程度时,便可能成为了违反美国宪法中的“财产征用”条款规定的行政行为?然后,我们转而讨论公共信托说和其他各种有关的学说，这些学说使得联邦政府所采取的限制在私有土地上从事开发活动的行政行为合法化。而如果没有这些学说，那么，联邦政府所采取的对私有土地开发的限制行为，从宪法上来说，可能是很成问题的。

6.2.1 关于“财产征用”问题

美国宪法第五修正案规定：“私有财产，非给予公正补偿，不得取走公用。”该条规定，仅适用于联邦政府。在为各州规定了各种宪法性限制的第十四修正案中，则没有上述语词。但是，美国最高法院已经依据“正当程序条款”解释说，在第十四修正案中有类似的要求，但是，法院并没有在联邦和州政府之间就适用征用条款的目的做出区分。

正如最高法院自己所承认的，它未能成功地在这个方面创设任何明确的规则。很明显，有些政府的行政行为，尽管还不能完全地被视为对(私有)土地的直接征用或者没收，但是，仍然构成了宪法意义上的“财产征用”。这种说法是有充分根据的，例如，政府强令某私有土地所有人将其全部土地用于公益事业，诸如在该土地上盖学校并向公众提供免费教育，因而等于间接地、在未向该人支付任何补偿金的情况下，将属其所有的土地收归政府所用。在这类情况下，很显然，由于政府所采取的某些管理方式过于极端，因而已构成了从私人处“征用”财产的行为。但是，迄今为止，最高法院几乎没能为如何划分“财产征用”与“非财产征用”的行为提供指导。

在这一方面，最早的有关案例是 Hadacheck v. Sebastian, 239 U. S. 394(1915)案，本案涉及洛杉矶市所发布的一个通告，该通告规定在市区内的某些地段从事制砖业是不合法的。原告 Hadacheck 是一家位于禁止从事制砖业地段的砖瓦场的厂主。他申述说,他是在该地段还未划为市区前就买下了这块地皮,而且该地方又远离居民区。他还争辩说,他当时根本无法预料该地方将划为市区,且该地块的泥土大部分已被挖掘出来以备制造砖坯。如果将这块土地用于制砖业,则值 80 万美元,而如果把它改作他用,那么充其量只值 6 万美元,更何况这个通告还将迫使他歇业。他还指控说,①他的那个砖瓦厂的作业并未对邻近的财产造成任何有害的影响(已被州法院驳回);②该通告的真实意图是想让位于该市其他地区的一些制砖场垄断砖市场(已被州法院驳回)。美国最高法院在该案的审判中不留情地驳回了原告对该通告的攻击:

人们应当记住,我们在此要处理的是政府所拥有的权力束中的一种,且是一种政府在行使它时极少受到限制的权力。诚然,恰如人们所见,政府在行使这些权力时,可能是很严厉的。但是,当政府不是随心所欲地、武断地行使这些权力时,这些权力存在的绝对必要性就排除了任何试图对它加以各种限制的做法。一种既得权利,不能因为它过去存在过的某种状态,就可以被人们作为反对政府行使这些权力的理由。如果我们支持(原告的)这种意见,那么,就会使一个城市永远固定在它原始的状态而不能得到发展。城市必须不断发展,而且,如果在其发展过程中某些私利起到了阻碍作用的话,那么,这种私利必须服从公益。

特别应当指出的是,Hadacheck 案的判决,正是在最高法院比今日更愿意否定调整各种经济活动的州的制定法时期做出的。然而,即使在那样的重商时期,最高法院还是坚决地维护了在 Hadacheck 案中受到指控的那个通告。

Hadacheck案的判决似乎表明，一个条例对单独个人的影响如何与判定它是否违反宪法的规定无关。该案的理论是，如果一个条例是在政府合法地行使它所拥有的政治权力范围内制定的，也就是说，它可以被合理地认为是与公共健康、福利或者道德有关的，那么，对于那些因此条例的颁发而遭受了严重损失的个人来说，就不能获得任何赔偿。最高法院的这种看法，在对Hadacheck案做出上述判决后不到十年，就在Pennsylvania Coal Co. v. Mahon, 260 U. S. 393(1922)案的判决中被推翻了。Pennsylvania Coal案涉及宾夕法尼亚州所颁布的一个制定法。该法规定煤炭公司所从事的能引起任何公共建筑物、街道、私宅沉降或者倒塌的行为均属非法。根据一份早已签订的契约规定，Mahon必须允许煤炭公司在不承担任何责任的条件下，挖掘藏于他住宅地下的全部煤炭。因为，契约规定，该煤炭公司仅将该土地的地面权卖给了Mahon。实施该制定法的结果，将使该契约无效。宾夕法尼亚州的法律承认三种独立的财产权：地面使用权、地下矿产所有权以及使地表受地下泥土支撑的权利。该煤炭公司声称：上述制定法的实施，起到了“取走”第二种和第三种财产权的作用，而这两种权利根据它与Mahon所签契约是应属于它所有的。在这个也许是根据宪法中的“财产征用”条款所做出的最重要的、也是唯一的判决中，霍姆斯大法官认为：毫无疑问，该法规的这种规定，对于某些财产来说确实构成了宪法中所定义的“征用”。从下面引用的他的论述中，可以找出他所持的主要观点：

如果在该普遍适用的法律中规定，政府若要采取限制某（私有）财产的使用从而使依附于该财产的某些价值有所降低的行动，则只有在为每一种此类价值降低支付了补偿金后才可行动，否则，政府就无法行使它的管理权，正如人们历来所承认的，(财产的)某些价值享用是受某些默示的限制条件制约的和必须服从于(政府的)政治权力的。但是，相反的，这种默示限制条件也必须是有其限度的或是可以据合同规定及正式程序条款推断出来的。在确定这些限制性条件时，必须考虑以下事实，即这种价值降低达到了何种程度？当这种价值降低达到了某一特定的数量级时，那么，在大多数情况下，即使不是在所有的情况下的话，就应当通过对该财产进行征用或者提供适当的补偿以支持政府所采取的限制某(私有)财产使用的行动。至于是否给予补偿或者采取征用措施要视具体情况而定。诚然，最终解决此类问题的办法应由规范的制定机关来确定，但是，上述情况的存在的确给了当事人以规范的制定机关是否超越了它据宪法而拥有的权力为由提起诉讼的根据。

法院在采用上述审查方法审理此案时，强调指出：该法规的规定，确实使得在某些地区不可能从事商业性采煤，因此，就它对那些拥有这些地区地下矿产开采权的人所产生的影响来说，就是宪法意义上所述的“剥夺或破坏”了这种采矿权。布伦戴斯法官对上述主张提出了尖锐的批评意见，只要“某个个人或者社团在签订买卖合同时认为，他们值得承担因他仅购得地面权而可能会产生的各种风险，那么，我们就不能认为，仅因此种风险正逐步实现这一事实就应当赋予他们比他们原已购得的权利更大的权利”。

我们至少可以说，宾夕法尼亚煤矿公司案的判决澄清了以下的认识，即不得将 Hadacheck 案的逻辑推至极端。这就是说，确实存在着下述情况，即为了公益应当制定法规，对某些个人所从事的活动加以管理。但是，实施这些法规又使某些个人承受了不堪承受的负担，因此，应当根据宪法中的“征用”条款给他以必要的补偿。恰如最高法院在宾夕法尼亚煤炭公司案的判决中所说的那样，是否应给某人以补偿应取决于他的财产权所受影响的程度，因此，要对此事预先加以估计是困难的。

在下一个案例，即在 Miller v. Schoene，276 U. S. 272(1928)案中，法院却认为，有时，即使使某财产受到严重的破坏，也允许不给予任何补偿。该案涉及弗吉尼亚州所制定的一个制定法，该法授权州的病虫害防治专家发布一个毁掉一片有观赏价值的红松林的通告。该法的目的在于防止该红松林中的植物病虫害传染到附近的一些苹果园。法院认为，在这种情况下，红松林与苹果园已不能共存，因此，迫使州应当做出下述选择，即究竟应当保存哪一种树？恰如法院所述：“当该州面临上述选择时，它做出了毁坏某一财产以保护另一种，在该州的立法机构看来，即保全对公众而言其价值要大一点的财产，这种做法并未超越宪法所赋予它的权力。”

在接下来的 50 年里，该问题并没有引起最高法院的注意。然而，在 20 世纪七十年代，最高法院再次关注到该问题。在 Penn Central Transportation Co. v. New York，438 U. S. 104(1978)案中，该案所涉及的是纽约州所颁布的一个文物保护的通告。简单地说，该通告授权某一特别委员会指定某些建筑物是地标物。当然，这种指定尚需经纽约州政府审核以及在有人对此提起司法审查诉讼时还要经过司法审查。在某建筑物被确定为地标物之后，必须使它的外表修饰良好并加以保持，而且其外观的任何改变均应征得该特别委员会的同意。由于某建筑物被确定为地标物而失去的开发权利可以转至附近的其他地块上,也就是说,可以允许这些失去了地标物开发权利的人,在不遵守适用的区域规划和建筑法典所规定的各种限制条件下,在被指定的其他地块进行附加性开发。宾夕法尼亚中央运输公司所属的“中心站”被指定为地标物。因此,该特别委员会否决了宾夕法尼亚州中央运输公司中心站所制定的欲在该中心站上方盖一个高层办公大楼的计划。宾夕法尼亚州中央运输公司中心站就此否决提起了诉讼,声称它的财产是在未得补偿的情况下被(政府)“征用”的。然而,它也承认,已转移了的开发权利对它是有一定价值的,而且,该中心站仍有可能从它已花的投资中赚得合理的利润。

由 Brennan 法官代表法院提出的看法,首先从分析与此案相似的前几个案件的判决因素入手。法院承认,它未能制定出一个在人们提起补偿要求时,可据以做出是否应当给予补偿决定的“固有公式”。相反的,法院认为,前几起案件都涉及“基本上是特殊的各种事实认定”。尽管如此,法院在该案中还是指出,有一些有关因素是在考虑是否应做出给予补偿决定时应加以考虑的。其中最重要的有两个,一是该类条例是否与投资愿望相抵触;二是政府是否已严重地侵害了该财产,抑或只是为了促进公共福利而简单地颁发了“某些调整经济生活中的获益和负担的公共规划”。法院在对该纽约州的通告加以司法审查后认为,该通告是可以允许的,因为,它只是“期望产生更广泛的公益且适用于处于相似状态的所有财产”。最高法院还认为,不能用在宾夕法尼亚煤炭公司案中所采用的审查方法来否认该通告。因为该通告并未剥夺该公司的全部财产使用权,相反，它还是允许按以往的用途继续使用该财产，而且，更重要的是，它准许该公司从它的投资中获取“合理的收益”。

在对 Penn Central 案做出判决后一年，最高法院又对两个重要的涉及宪法中的“征用”条款的案件做出了判决。第一个案件是 Andrus v. Allard, 444 U. S. 51 (1979)案，该案涉及一个禁止将某些野生鸟类，诸如鹰等的羽绒制品投入商业交易的法律。原告指控说，他在该法颁布时正有一批鸟类羽绒，但是，如果他现在在市场上销售，那么，将会被提起诉讼，因此，该法实际上对他所拥有的鸟类羽绒构成了“无偿征用”。法院驳回了原告的指控，并指出：原告现仍拥有这些羽绒以及将这些羽绒作为礼品赠与他人的权利。法院注意到，原告仍可用这些羽绒办各种展览来获利。但是，原告都希望获得收益且不会由于该法对该羽绒所强加的严格限制而导致他所期望的未来获益的损失。因此，“原告所提出的应当据宪法中的征用条款给予他补偿的要求”是“以一根烂稻草作为支柱的”。第二个案件是 Kaiser Aetna v. United States, 444 U. S. 164(1979)案。原告是一个鱼塘的所有人，原来，该鱼塘不与大海相通，后来，原告将该鱼塘与大海挖通，从而，把这单纯的鱼塘改为“海洋型船舶停靠小区”。虽然，一开始政府并未对此工程提出反对意见，但是，后来政府认为，既然是海洋型的船舶停靠小区，它就应当服从公共通行权，即让所有希望在此停泊的船舶停泊。法院认为，政府将公共通行权强加于该停泊区的做法，对该停泊区来说，就构成了宪法上所说的那种“征用”。

1987 年，最高法院判决了三起重要的关于“征用”的案件。其中一个案件是关于救济问题，即在 First English Evangelical Lutheran Church of Glendale v. County of

Los Angeles, 482 U. S. 304 (1987)中,法院强调,对于土地所有者的救济只能在其土地被政府所“完全控制”的情况下才能进行。在 First English 案之后,土地的所有者不仅被赋予了申请禁止实施通告的权利,而且还能主张在通告发布至禁令实施的期间所造成的损失。这样,如果政府的通告所涉及的区域不适宜开发或者政府没能界定清楚有效的政府管理和无效的“征用”之间的界限,则政府就需要承担实质意义上的损害赔偿金。

1987 年最高法院所判决的另外两个案件使得有效的政府管理和无效的“征用”之间的界限更加模糊。其中的一个案件是 Keystone Bituminous Coal Ass'n v. DeBenedictis, 480 U. S. 470 (1987)案,在该案的判决中,法院支持了一个与 Pennsylvania Coal 案所确定观点相左的法案。法院认为防止在采矿过程中的地表下陷是符合公众利益的,同时,即使要求采矿公司在地下遗留一小部分煤矿来支撑土地,该采矿公司还是能获得一定的收益。然而,最高法院内部对于该案的处理办法分歧也是很大的,有四名持有异议的法官支持 Pennsylvania Coal 案所确立的原则。

在 1987 年判决的三个案件中的最后一个案件中,法院发现了一个对征用基础的截然不同的解释。在 Nollan v. California Coastal Commission, 483 U. S. 825 (1987)案中,某个海滩的所有者想要在该海滩上修建一个平房。作为批准的条件,加利福尼亚州海岸管理委员会要求该所有者保证给予公众在今后从毗邻的海岸穿过该所有者海滩的权利。以 Scalia 法官为代表的法院意见认为,该委员会的这一要求实际上就是“征用”的表现。最高法院认为,该委员会可以禁止该所有者在海滩上建造平房,但是不可以在允许其建造的平房的情况下再提出如此的附带条件。四名持有异议的法官认为，多数意见实际上提高了土地利用管理的安全等级。异议者还指出，这些许可条件并不会减少这块土地的投资者的收益。

在 Dolan v. City of Tigard，512 U. S. 374(1994)案中，法院充实了 Nollan 案的处理方式。和 Nollan 案一样，Dolan 案涉及一个建筑物许可的附带条件问题：市政府批准扩大五金店店面的条件是，土地的所有者向公众开放其所有的漫滩区域，该区域离公共的“绿色通道”以及自行车道仅 15 英尺。法院认可了市政府的做法，因为该地区原有的格局限制了该地区的发展，但是法院无法理解的是为什么政府要求原告放弃其对通往绿色通道的过道的所有权。适用“初步的比例关系”，法院认为，政府没有提供充足的证据证明自行车道无法满足由于五金店扩张而导致的日益增加的交通需求。先前的判例表明，“联系以及比例关系的检验”只适用于政府所提出的批准条件是为了在授予财产性权利的同时，给予公众今后以便利的情况下。这些要求不适用于政府仅仅想限制私人财产使用的情况下。

这些案件中都没有涉及 Holmes 法官在 Pennsylvania Coal 案中所提到的一个核心问题：从何时起这些被征用的财产的价值被贬低得如此厉害？在 Lucas v. South Carolina Coastal Council，505 U. S. 1003(1992)案中，法院认为，通常情况下，征用会完全破坏现有的土地价值。Lucas 案是两个海滩居住用地的所有者对“政府征用”提起的诉讼，这位所有者认为其失去了在其财产上建造房屋的权利，因为州颁布了保护脆弱的海滩的法律规定。尽管原来案件的声明中已经表明，不管政府管理活动公正与否，只要导致了财产价值的100%的损失，就可以认为政府的这一行为是“征用”，Lucas 案涉及第一个符合上述要求的政府征用行为。最高法院的 Scalia 法官为上述规则建立了一些限制：该规则不适用于当使用土地可能会导致普通法中的侵权行为的发生的情况，或者适用会导致超出所有者的普通法权利范围的情况；不适用于个人财产征用；不适用于没有直接导致土地使用的管理行为中。Kennedy 法官赞同上述观点，但同时提出需要采取一个使得双方获益更加均衡的方法，而 Blackmun 法官以及 Stevens 法官却对上述观点提出强烈的反对。

无疑，土地所有者会积极地拥护 Lucas 案的判决意见。然而，在最近的一些判决中，法院的观点好像又与这些土地所有者的意图相背离了。在 Palazzolo v. Rhode Island, 533 U. S. 606(2001)案中，法院认为，在本案中没有什么所谓的完全征用，因为土地所有者还是拥有在剩余的 18 英亩土地上建造居民区的权利。然而，法院的观点中也有得到土地所有者热烈拥护的，即法院否认了在征用行为进行以后，土地的所有者就不能主张征用补偿的观点。在 Tahoe—Sierra Preservation Council, Inc. v. Tahoe Regional Planning Agency, 535 U. S. 302(2002)案中，法院试图对 Lucas 案的检验方法进行进一步的扩充。在本案中，土地所有者认为，只要在到期前禁止财产的使用，这种暂停实际上就是一种“完全的暂时征用”。以 Stevens 法官的观点为代表的法院拒绝在本案中适用 Lucas 案的检验方法，而适用了更加灵活的 Penn Central 案的检验方法。Lucas 案的检验方法的主要特征是创造了适用于特殊案件的例外情形，“即适用于管理行为永久地剥夺了财产的所有价值的案件”。

很显然，最高法院对“征用条款”的解释仍然没有定论，到目前为止，对这一条款的实践基础仍然是模糊的。然而，对于这一问题，我们仍然可以从这些案件的结果中发现一个十分明晰的处理方式。似乎，最高法院将政府的土地利用管理划分为三类。

第一类是土地的通行许可命令。这些通行许可命令要求土地的所有者向公众开放其土地或者允许该土地被第三方占据。这些管理活动就像禁止土地所有者建立便利设施一样，无疑需要被归于已被政府“实际征用”的行列。Kaiser Aetna 案就是典型代表。

第二类是利用土地的限制，通过对土地所有者征收大量的税费，政府的管理行为可能会极大地限制土地所有者对土地的利用。假设土地使用本来就是合法的，那么会使得土地完全贬值的政府管理活动就是一种“征用”行为。法院认为，即使政府是为了执行一项真正的公益政策，对于所有者，土地使用的部分限制的管理活动也有可能成为一种“征用”行为。然而，值得注意的是，在 Hadacheck 案发生后的 80 年里，关于政府是为了执行一项真正的公益政策而对土地利用部分限制的管理活动，法院的判决中没有一起案件将其认定为一种“征用”行为。所以，Holmes 案中所提到的土地价值的“显著减少”也许就是指“价值的完全丧失”。如果真的可以这么理解的话，Lucas 案就是为数不多的因土地部分价值减少而被认定为政府“征用”行为的案件。

第三类是与通行许可命令和利用土地的限制相关的管理活动。政府可能会为了规避土地利用限制（该事由一般不允许“征用”），而要求土地所有者允许公众在其土地上通行(该事由一般允许"征用")。在这一种情况下,法院往往会要求通行许可命令要与土地利用相联系,且运用"初步的比例关系"的检验方法来审查在土地利用过程中出现的新问题。

最高法院对这些管理活动的"三分法"使得这些相关案件的分类更加清晰。然而,有关"征用"的法律规定还是杂乱无章的,难以保证将来发生的案件的判决会和先例具有一致性。也许在将来,法院会认为要求土地所有者允许公众在其土地上通行的行为不是"征用"行为,或者部分的土地使用限制管理行为属于"征用"行为。然而,在一段时间内,这种"三分法"会使得这些案件判决具有一定的相似性。

一个对"征用"问题的回应是,试图限制物权法所声称的所有权人的各种利益。通过限制物权法所规定的所有权人的各种经济利益,法院可以规避一些"征用"问题。法院可以简单地声称被政府拿走的财产不是"征用条款"中所规定的财物。在下一节中,我们将讨论一些支撑上述做法的一些理论。

6.2.2 公共信托理论

我们在下面将会看到,联邦政府和州政府,由于它们拥有管理水道的权力,这使得它们对这些地区拥有某些准物权。这些权力在环境保护方面已变得十分重要,因为,它能使得政府对沿海地区和某些湿地的管理是正当的,不然的话,政府实行的这些管理,将被人们以宪法中的征用条款为据而提起诉讼。

就州一级来说,这些准物权是由公共信托理论所获得的。涉及该学说的最重要的案例是 Illinois Central Railroad Co. v. Illinois, 146 U. S. 387(1892)案 ,最高法院就是在这个案件的判决中阐述了公共信托理论。该案涉及一个将某土地拨给伊利诺斯州中央铁路公司的法案的有效性问题。在1869年，伊利诺斯州立法机构通过了一个将密执安湖水底的某些土地的所有权拨给该铁路公司的法案。(但当该法案已通过后，该立法机构又将该土地拨给芝加哥市)。四年之后，该州废止了将该土地拨给该铁路公司的法案。此后，伊利诺斯州为确定它对这些水下土地的所有权而提起了确定产权之诉。值得注意的是，如果1869年的那个法案是有效的，那么，后来颁发的那个要求归还这些土地的所有权的法案，由于它没收了纯属私人的财产，就很难逃脱被铁路公司以违反宪法中的“征用条款”的规定而提起诉讼的命运。

然而，最高法院在审理本案时，仅认定了原来的那个将该土地拨给铁路公司的法案是无效的，从而避免了此事与任何宪法问题产生联系，这样，就使得该铁路公司除了仅有一个可被剥夺的财产权外，什么也不拥有。最高法院之所以认定该1869年的法案是无效的理由是，它违反了公共信托理论。根据该学说，这些土地是原应属该州所有的。下面一段引文，对此做出了说明：

> 我们早已提出，该州拥有位于密执安湖通航水域的这些土地的所有权，而且，该所有权必须与它对这些土地上的水面控制权(不论这些土地的用途如何)结合行使。州的这种所有权是该州的人民委托它行使的，从而使得他们能在该水体中航行、从事各种商业活动、自由捕鱼而不受任何私人的干预和破坏。(该州公民)为了公益而赋予该州的委托权，只能通过具有公益性质的财产管理或控制而解除，而不能通过将该财产转移给他人而解除。就该委托关系来说，

该州对这些财产的控制永远不应当失去，只有在下述情况下，州政府才会失去对某些地块的控制权：该地块已为了增进公益而使用或者该地块已被处理，且这种处理不会对余下的土地或水域的公益造成任何实际的危害。

因此，让个人在其土地上获取财产利益时遵循公共信托理论，往往是较为困难的。诚然，单独个人完全可以拥有此类土地的所有权，但是，这种所有权必须服从该公共信托理论的各项要求。正如最高法院在后来所明确的，公共信托理论不仅适用于通航水域，还适用于所有被潮汐所影响的水域，具体内容见 Phillips Petroleum Co. v. Mississippi, 484 U.S. 469(1988)案。

我们可以用加利福尼亚州的三个案件来说明公共信托理论的演化经过。第一个案件是 Boone v. Kingsbury, 273 P. 797(Cal. 1928)案，在本案中，加利福尼亚州最高法院维护了该州所颁布的一个允许在海洋潮间带进行石油钻探的制定法。法院认为，这种开发形式是符合公共利益的，因此，这是一种对公共信托理论的正当运用。法院还强调指出，鼓励“公民去开发那些荒芜和无用的土地并使它们能被用于某些有用的目的”本身就是一种增进公益的行动。法院在列举属无用土地范围的土地时，曾将此案前一案中所涉及的咸水沼泽为例加以了说明。但是，到了 1971 年，法院的态度发生了根本性转变。在 Marks v. Whitney, 491 P. 2d 374(Cal. 1971)案中，法院对公共信托理论做了更广泛的解释。法院强调指出，州政府在管理这些委托管理的土地时，不应受关于土地使用的传统分类办法的限制。相反，政府应当考虑保护该土地的天然状态的必要性，以使这些土地能为“生态学研究单位进行科学研究”服务，或作为公共空地，或作为鸟类或海洋生物的觅食地及栖息地以及将它作为对本地区的风景和气候产生有益影响的地域。法院据上述认识认为，潮间带相邻土地的所有人可以为了阻止围垦及开发该潮间带而提起诉讼。法院还认为，上述诉讼，即使在该土地早已被开发(且不论此类开发是否已得州政府的批准)的情况下也可提起。因为，不论是这种早已进行的开发或者州政府预先核准的，就其本身的特性而言，既不能终止该公共信托，也不能使得该问题处于等待状态。后来，在 National Audubon Society v. Superior Court of Alpine County，658 P. 2d 709(Cal. 1983)案中，与上个案件相同的法院认为公共信托理论限制了对水资源实行"先占原则"，所以洛杉矶没有被完全赋予使用该水资源(使用的结果可能会使湖中水资源完全枯竭)的权力。这给予西部地区水法中先占原则神圣不可侵犯的地位，也是对公共信托理论的一次著名的延伸解释。

公共信托理论不是被用来支持对在私有土地上进行的开发活动实行某些限制的唯一的物权法律概念。在 Thornton v. Hay，462 P. 2d 671(Or. 1969)案中，俄勒冈州最高法院做出了一个具有创新精神的判决。该法院认为，将海滩土地围圈起来的这一事实侵害了人们长期以来的生活习惯，公众应当享有的(到达海滨)财产权益。我们不应当仅仅简单将俄勒冈州最高法院的上述意见或者其他法院在采用公共信托理论后所陈述的意见，看作是用来寻找"财产征用"法中的"技术性"漏洞的一种办法。相反的，我们最好把它们看作是对"财产征用"法和物权法的"技术性"做了一些调整，以使它们成为适应现代生活的一种尝试。确实在现实生活中存在这种情况，即某些活动涉及一些长期存在的公共利益，因此，我们可以合理地预见，必须由政府对它们实施广泛的管理。既然，从历史上来说，对各种水道一直是实行公共控制的，因此，凡是声称自己对某公共水道拥有法定所有权的人，不能存有下述梦想，即他可以不受限制地使用他的这个“财产”。因此，某些由征用条款加以保护的“固有的期望”，在某些情况下是根本不会产生的。

6.2.3 航运地役权

联邦像州一样，对于各通航水域拥有准物权权益，人们称其为航运地役权。什么叫航运地役权？怎样实施这种航运地役权？这两个问题均可在 United States v. Rands, 389 U.S. 121(1967)案中找到答案。在本案中，Rands 拥有沿哥伦比亚河的一片土地，该土地也被美国政府所征用。该案的诉因是，在美国政府应支付的征用费中是否应当包括若将该地辟为港区所卖得的那部分市场价值？法院认为，“任何人不得拥有对通航水域的那种通常应当受政府控制使用的财产权益，因此，联邦政府没有为此种使用权益的征用而支付补偿费的宪法义务。联邦可以改变通航河道的流向或者采取其他可以损害或者破坏河权所有人的通航水体，即使这么做会使河权所有人的土地的市场价值大大降低亦然”。法院在其判决书的后半部分特别强调，“国会拥有对各通航河道加以全面管理并完全排除任何私人电力公司或港口所有人对这些河道实施管理的宪法性权力”。

在 Rands 案中所确定的上述原则已经受到了后来所判决的一个更新的案例的限制，即 Kaiser Aetna v. United States, 444 U.S. 164(1979)案。在前一节中我们已讨论过此案。该案所涉及的是，凯撒将私人所有的本不与海洋相通的鱼塘进行改造，后来，该鱼塘便与海洋相通并成了一个海洋型的船舶停泊区。在该案的判决书中，法院承认，如果对此案适用在 Rands 案和其他相似案件中所采用的"严格的逻辑"，则可能会允许政府要求该船舶停泊区向公众开放，使公众得以到达该地，从而，使该地区变成一个公共的水上公园。但是，法院认为，本案的事实与前几起通航水体的案件所涉及的事实相差甚远。就一个事实而言，该鱼塘与前几个案件中所涉及的"私人不能对其拥有所有权"的"大型的通航河道"不能同日而语。法院在判决中还特别强调，政府在当时是同意了此项改造工程的。法院在判决书中说：

我们毫不怀疑，政府当时完全可以以该改造工程可能会损害该海湾的航运为由而不允许从事该改造工程，或者通知该拟从事此改造工程的人，只有在他同意采取政府认为为改善该海湾的航运应采取的各项措施并得到政府批准后才能从事该改造工程。现在的情况是，该主体所拥有的是一个据夏威夷州的法律，属私人所有的、通过他所开挖的一条运河与通航水体相连的水体，且他开挖此运河是经负责官员同意的。诚然，代表美国行事的某个官员的同意这一事实不能"约束"美国的行动，但是，应当注意，这种同意足以导致发生某些与所有权概念共存的、可预期的利益，且如果这些利益足够重要，则政府在剥夺土地所有人对它们的管理权之前，必须进行征用并支付补偿金……我们重点强调，在本案中，"排他权"这种人们通常认为是"所有权"的基本要素的权利，就是属于那些政府不给予补偿就不得"征用"的一类权利之中的权利……

这是一个极易引起异议的主张。在判决该案的 30 年后，我们发现 Kaiser Aetna 案成为了适用 Rands 案所确定的规则时一个极特殊的例外。

特别应当注意的是，航运地役权仅仅适用于那些符合传统的可航性测试标准的水域。尽管关于可航性的测试标准说法千差万别，但是，核心问题还是与这些水域潜在航运用途有关的一些标准。此外，还应记住，联邦的管理权并不仅限于这些水道。一些下级法院认为，《清洁水法》的适用范围已超越了那些传统的通航水体而扩大至位于联邦境内的所有水体。他们的这种主张在联邦立法背景中有着强有力的依据，显然他们之所以持这种主张的理由是，除非直接或者间接地与这些通航水域相通的其他水体都保持清洁，否则，便不可能使这些通航水域的水得到净化。目前，国会已将其管辖权延伸至传统的通航水域外，且此种延伸的程度已如此广泛，以至于它已不能再以保护通航水域地役权为由来否认他人为此提出的它应为“财产征用”支付补偿金的要求。至少，《清洁水法》的某些规定已经如此严重地限制了某些地块的使用，以致构成了宪法所定义的“财产征用”。

或许，最能体现国会行使其权力程度的是《清洁水法》第 404 条。该条规定，凡排放疏浚河道等的挖掘物或者填埋物者均应持有许可证。在 United States v. Riverside Bayview Homes, Inc. , 474 U. S. 121(1985)案中，法院支持了一项赋予联邦军队广泛权力的法案。颁布的这项法案赋予了联邦军队在洪涝区域和湿地的管辖权，以保证“该地区典型植被可以在湿地中生存”。但在本书第二章提到的 SWANCC 案中，法院否认了一项确认联邦有权管辖供迁徙鸟类使用的全国范围内的湿地的法案。SWANCC 案使得下级法院十分困惑,即联邦到底是否有权管辖全国范围内的一些孤立的湿地,或者联邦是否仅有权管辖通航水域及其支流以及邻近的湿地。

在 Rapanos v. United States, 547 U. S. 715 (2006)案中,最高法院再次对此问题加以了审查,结果是使问题变得更加复杂了。以 Scalia 法官的观点为代表的多数观点认为,需要限制联邦军队的权限,其管辖权"只限于具有永久、有代表性或者持续性的流动水体特征的水域,也就一般所说的'溪流、海洋、河流以及湖泊'等水域"。在 Scalia 法官看来,"只有与联邦管辖的水源的表面相连的的区域才是湿地,这样一来,水源与湿地(毗邻水源且在该法令管辖范围内)之间的界限就变得十分模糊了"。法院的这一观点实际上是对联邦管辖权规定的断章取义。Kennedy 法官的个人意见认为,政府需要证明其有管辖权的湿地和通航水域之间具有何种重大的联系。持异议者赞成联邦军队对湿地具有广泛的管辖权。由于 Kennedy 法官投下了关键的一票,一些下级法院就开始按照他的观点对此类案件进行审查,有时在这种审查方法过于宽泛时,也会用最高法院多数意见的方法加以补充审查。

6.3 保护沿海水域

自 1969 年加利福尼亚州桑塔巴巴管道的大爆炸和泄露事故后,保护近海油汽勘探设备以及开发的争论就愈发激烈了。那次灾难造成了严重的后果,鸟类和海洋生物大量死亡,海岸和沿海的财产被破坏,同时造成了大片区域的渔业产量减少和娱乐活动减少。在这些争论中最常见的问题与联邦在外大陆架的租赁行为密切相关。根据《外大陆架土地法》(见《美国法典》第43卷第1331条及以下),是美国政府,而不是各州政府,在对海岸线3海里以外的大陆架上的海底和底土行使主权。具体内容可见 United states v. Maine, 420 U. S. 515(1975)案。根据《外大陆架土地法》,内政部可以按照规定的竞争投标程序,把大陆架租给公司。同时,外大陆架油汽田的租赁、合作考察、开发、生产和运输都需要依据《国家环境政策法》《海岸带管理条例》以及《清洁水法》办理手续。

促进外大陆架地区油汽的生产和运输的过程所包括的几个环节中,最为重要的是对环境影响的考察。针对开发的进程,《外大陆架土地法》开辟了这样的一条道路,即先发布一个5年的租赁计划,然后通过租赁销售和勘探来开发、生产和销售新发现的矿产(见《美国法典》第43卷第1344、1377、1340、1351以及1353条)。为了确保安全,内政部长需要考虑所有相关的政策以及一切利益相关人的观点,同时,该法还考虑了国会、有影响的州和地方政府,其他的联邦机构以及公众的参与权。

《外大陆架土地法》第18条(《美国法典》第43卷第1344条)规定,内政部长需要制定一项为期5年的外大陆架的租赁计划,包括为拟被租赁和销售的计划提供尽可能准确的面积、时间和租赁活动的地点。第18条也为州政府建立了一套建议和评论机制,即当部长准备一个租赁计划的提案时,必须要征求和考虑有关各州提出的建议。内政部长必须把收到的议案和评论在他批准之前的60天前递交给国会和总统,并且要特别说明州政府的修改意见未被接受的理由。

在内政部长批准后，需要在哥伦比亚特区对该租赁计划进行为期60天的专门的巡回公正评议。由参加计划管理活动的每一个人和受到该计划负面影响的人员对此计划提出意见(《美国法典》第43卷第1349条)。因不认可该计划而提起的诉讼的受理法院，应该在部长批准该计划之前，根据评议记录对该案进行完全独立的思考，在确有证据的情况下，即做出判决。

在该五年计划被内政部长批准以及经过了司法审查之后，就可以开始实施石油和天然气开发制造的一系列后续步骤，包括由部长提出的出租销售的建议和行为、承租人提出的勘探计划以及以后的开发和制造计划。正如前文所提到的，《外大陆架土地法》要求部长在这中间的每一个环节中，都要考虑环境影响以及其他联邦机构、州和地方政府以及公共部门的意见。

根据《外大陆架土地法》进行的相关的联邦行为，与《海岸带管理法》的要求相比，还是有很大的差别的。《海岸带管理法》以向沿岸各州提供资金的方法，来更好地实现对海岸土地以及水资源的开发利用，从而达到该法第305条以及第306条规定的标准。同时，商业部长批准的州管理计划实际上违背了该法第307条第3款的“联邦一致原则”的规定。

《海岸带管理法》第307条第3款第1项规定：

任何联邦机构在海岸带地区内或外的活动，只要影响到海岸地区内土地资源、水资源和其他自然资源的利用，都应遵循这样一条原则：既要使资源得到最大限度的利用，又要符合各州管理计划中的现行政策。

在该条第2款中，还规定了联邦的豁免权。出于“美国国家最高利益”的需要，总统可以授权联邦政府采取必要的行动。

到目前为止，我们一直在讨论保障租赁计划顺利开展的程序，而没有考虑在其背后的环境问题。实际上，内政部长颁布的租赁计划包含了防止溢油的规定。《外大陆架土地法》批准国会拥有对土地所有者的优先权以及对公共所有资源租赁管理的立法权。租赁计划的保护措施不仅仅在租赁契约中加以体现，内政部长也可以随时颁布规章和政策，只要其认为对“保护自然资源”而言是“必要的和适当的”。（见《美国法典》第1334条第1款第1项）。在当时，影响租赁实施的只有法律的强制性规定和租赁文本中所约定的条款，如果承租人破坏了这些规则，内政部长可以取消这些租赁合同。然而，在租赁合同被执行后，即使承租人违反了这些规则，内政部长也不能撤销这些租赁合同；被这些规则所约束的承租人的财产权只有在这些租赁合同被执行时才能得到保障。

当发生溢油事故后，这些问题就不再是管理问题了，而是赔偿问题了。在已颁布的联邦法律规范中，已有几部对石油泄露的责任做出了规定。1978年修正的《外大陆架法》规定了因清理行为和对外大陆架活动而造成损害进行赔偿的责任，并创立了“近海石油泄露污染基金”。1978年的修正案还适用于近海开采实施以及从这些设施中运输石油的船只。同时，该修正案对清理费用和损失的赔偿做了严格的规定，所有的赔偿金都有上限，且需要所有者和经营者共同承担。但是，如果这些事故是由于故意行为、重大疏忽或者“在所有者或者经营者参与或知晓的情况下”违反了联邦安全规则所造成的，则上述赔偿金限额都不再适用。近海石油泄露污染基金的来源是，按照每桶3美元的比例从外大陆架的石油所有者处收取，用于偿还无法通过从其他途径偿还的所有损失。

一直到1990年，《清洁水法》第311条对石油泄露责任所做出的规定都是最广泛的。它规定运输油船的船主在赔偿政府清污的费用时需要按照严格责任原则加以归责，除非其能够证明该事故是由于不可抗力、战争、第三方过错或者联邦政府过错所造成的。该法案只规定了很少的免责的例外情形。第311条还规定了损害赔偿金的限额。在Exxon Valdez案中，赔偿的金额就不得高于320万美元。然而，如果联邦政府能够证明该泄露事故是在“所有者参与或者知情的情况下，有故意的疏忽或者行为”所造成的，上述限额则不再适用。

1990年颁布的《石油污染法》（见《美国法典》第33卷第2701条及以下）取代了《清洁水法》第311条对赔偿责任的规定。该法的第1002条规定了“有关责任方”在清理费用、对自然资源的损害、由于动产或者不动产受破坏所带来的伤害或者经济损失，以及“可以被恢复而没有得到恢复所造成的损失”等方面的赔偿责任。该法第1001条第32款对“有关责任方”的含义进行了界定，包括油船、陆上设施或者输油管的所有者和经营者。同时，《外大陆架土地法》第107条对赔偿责任的抗辩事由进行了系统化的梳理。就像《清洁水法》第311条一样，这项新的法案也规定，如果这些事故是由于故意行为、重大疏忽或者违反了联邦安全规则所造成的，则上述赔偿金限额都不再适用。该法还仿照《外大陆架土地法》的规定，建立起了一项“石油泄露信托基金”（10亿美元），并授权总统代表联邦做出反应的权力，且要求总统颁布有关条例，对因自然资源受损所导致的损害赔偿测算办法加以管理。

自然资源受损所导致的损害赔偿测算会涉及利益问题。1990年《石油污染法》第1006条第4款第1项规定，对因自然资源损害赔偿的估算应从以下几个方面入手：

①修复、恢复或者替换遭破坏的自然资源，或者获得等同的自然资源所用的开支；

②这些自然资源在恢复前，在价值上所造成的损失；

③测算这些赔偿数额的合理费用。

这些开支应根据联邦或州的委托人所颁布的修复计划进行估算。该法第1006条第5款要求总统颁布损害赔偿估价，在该损害估价被驳斥之前，将被推定为合理的估价。

6.4 公有土地的保护

6.4.1 公有土地政策

联邦政府拥有大量的土地。联邦所拥有的土地所占的比例，除去各印第安人保留地之外，西部各州地中，属联邦所有的土地从华盛顿州的30%到内华达州的约90%各不相等，平均约为50%。因此，联邦的土地政策对西部各州来说有至关重要的意义。

对于某些重要的经济权益来说，联邦的土地政策也具有很重要的意义。美国有大量的国有商业林地位于公有土地上，且在这些公有土地下埋藏着大量的矿产，如铜、汞、镊等。此外，大量的石油和天然气是从属联邦所有的土地上开采的。因此，属联邦所有的土地也具有极重要的经济意义。

当然，对于自然保护主义者来说，属联邦所有的土地也具有极重要的意义。国会在1980年所颁布的，可能是本世纪最重要的关于自然保护的单行法规中，将阿拉斯加州的大片土地划作国家（自然）遗迹地、国家公园和国家荒野环境保护区。仅国家公园就一下子扩大了约3000万英亩。更何况，在该法通过之前，已划为国有森林和国家公园的土地已超过了1.8亿英亩。我们可以预见，在环境保护主义者和资源开发主义者之间有可能会发生严重的冲突。

为了能理解公有土地法中涉及环境的规定，有必要对公有土地法中不涉及环境的一些规定有一个基本的了解，以作为理解与环境有关的规定的背景材料。很不幸，在美国尚无一个管理属联邦所有土地的综合性法规体系。现有的一些制定法都是晦涩难懂及彼此间互不协调的。下面，我们将对公有土地法做一个最简要的介绍。

在20世纪之前，联邦政府对这些公有土地加以管理的主要目的在于尽可能快地将它们处理掉。将这些公有土地的很大部分转让给农场主及牧场主的那几个关于宅基地的法规就是明确的证据。这个时期所颁布的最重要的法律是1872年的《矿业法》（见《美国法典》第30卷第22条）。该法允许私人购买“属联邦所有的一切有（开采）价值的矿藏储地”（但是，本法不适用于某些重要矿藏，如石油、天然气、煤、油页岩等）。凡在联邦所有的土地上发现了有（开采）价值的矿藏者，有权要求联邦政府将该地转让给他，以供他开发此矿藏。探明这些矿藏者在提出上述要求后所获得的占有权是一种可以转让的所有权。自矿山被探明之日起，这种所有权就给了该权利拥有人开采加工销售该矿藏的权利。此外，对某矿藏提出所有权主张者有权获得其已探明的矿藏储地的土地所有权。探明此矿者不必为此土地向政府申请所有权。但是，如他已经向政府提出了所有权申请，则内政部长在颁发权利证明书一事上，没有自由裁量权，他必须向该人颁发所有权证明书。该法的唯一的目的是振兴矿业。因此，根据该法的规定，联邦政府几乎无权控制矿业活动。

到了1976年，矿业活动终于受到联邦政府某种程度的控制，国会在其颁发的《联邦土地政策和管理法》(见《美国法典》第43卷第1732节)中规定(在此节开头明确规定该节适用于矿业活动)："内政部长应当通过颁发条例或采取其他他认为必要的行动，防止(属联邦所有的)土地不必要或不适当的退化。"在该法通过之前，政府基本上无权处理与矿业有关的各种环境问题，而且，即使到了今天，它的这种权力也是有限的。

同时，州政府也可以申请在联邦土地上进行采矿。如果某州准备通过控制开采方式来限制对环境所造成污染，而不是在某些地区完全禁止采矿的话，便不能要求在获得采矿权许可时享有优先权。在California Coastal Commission v. Granite Rock Co.，480 U.S. 572(1987)案中，法院试图区分环保条款和土地利用条款，但其发现在实践中两者难以区分。

恰如我们在前面提到的，1872年的《矿业法》不适用于某些重要的自然资源，如石油等。根据1920年的《矿产租赁法》的规定。内政部长有权为某些矿产，如石油和天然气的开采颁发勘探许可证和租契。与政府据1872年的《矿业法》规定的只拥有极小权力的情况相反，由于政府据1920年的《矿产租赁法》规定，对于各许可证和租赁的颁发拥有自由裁量权，因此，政府控制矿产租赁的权力相当大。

下面，我们再来讨论另一个主要的资源利用问题，即木材采伐问题。自1891年以来，美国总统就有权把某些土地划为国有森林（见《美国法典》第16卷第471条）。根据1897年颁布的那个制定法的规定，建立国家森林的目的在于防治水患以“使木料得以连续供应”（见《美国法典》第16卷第475条）。制定该法的原因是，美国政府担心美国林地会很快消失，从而使美国木材短缺以及担心需要控制河流流量的分水岭受到破坏。在1960年，国会通过了《综合利用（维持）持续产量法》（见《美国法典》第16卷第528条至531条）。该法扩大了设置国有森林系统的目的。该法规定，应当为了多种多样的目的，如提供户外休养地、提供木材、保护野生生物等而对国有森林加以管理。由于该法并未为管理者规定何种目的更重要，因此，对于某一森林来说，何种目的更重要，可完全由管理者决定。在1974年和1978年，国会曾要求农业部为各国有森林制定土地管理计划。这项新的立法也强调了其他一些事宜，如皆伐，这样一种习惯做法早就引起了人们的强烈争论（见《美国法典》第16卷第1601条及其以下条款）。在1976年，国会又颁布了《联邦土地政策和管理法》。该法要求农业部的土地管理局为它所管辖的约4.5英亩土地制定与林地相似的规划（见《美国法典》第16卷第1701条至1784条）。

6.4.2 各种行政冻结

从历史上看，在公有土地上从事资源开发是一种通常的做法，而不是一种罕见的例外。大多数公有土地法都是为了鼓励资源开发而制定的，而为保护这些公有土地制定法律是罕见的。只有当行政机构或者立法机构采取行动，禁止在公有土地上从事一般性的开发时,公有土地的保护才开始。

在 United States v. Midwest Oil Co., 236 U.S. 459 (1915)案中,最高法院支持了总统冻结公有土地开发的权力。在本案中,由于受到当时的公有土地法的鼓励,加利福尼亚州的各个石油公司都尽可能快地在公有土地上开采石油,都企图在位于其油井附近他人所有的油井泵出这些石油之前,把藏于该地下的石油泵出来。在1909年,美国地质普查局局长曾报告说,不出几个月,所有油田都可能会落入私人之手。而且,一旦出现了这种状况,那么可能会危及海军的燃料供给。作为对此情况的反应,总统颁布了一个命令,"希望通过立法动议",停止将某些公有土地处理给私人。为此,各石油公司提出了诉讼,声称总统没有采取此种行动的法定权力。然而,法院认为,国会早就知道总统在此前所采取的一系列类似的冻结行动,国会从来就没有对这些冻结行动表示过异议,相反国会默许了这种做法。因此,国会已默示,法院同意这种行政冻结的做法,并强调在管理各公有土地时,需要具有灵活性。

在 Midwest Oil 案中引起争议的这种总统权力后来为《皮克特法》所确认。该法授予总统"自行决定":

暂时停止在属联邦所有的任何土地上进行的诸如建立居民点等的开发活动……且可以以为保留水电站站址、设立灌溉系统、对各土地进行分类以及在该停止(开发)所规定的其他目的而保留这些土地,这种停止开发命令一直有效,直至总统本人或国会以法案撤销为止。

这种停止开发命令不适用于据矿产法律规定而提出的在该停止开发的土地上开采金属矿的申请书。尽管,在本法中使用的是“暂时”这个词，但是，这种“暂时”停止开发可一直有效，直到命令撤销为止。

在1976年，《皮克特法》被废止。现在，内政部长“冻结”公有土地的权力受《美国法典》第43卷第1714条的制约。这项立法的目的在于使国会对行政冻结活动具有更大的控制权。根据该法规定，行政机构要“冻结”大片土地（超过5000英亩）的话，其冻结期不得超过二十年，且参众两院可以用一致同意的决议案否决这种行政冻结。该法授权内政部长可以对较小的地块颁布禁止开发命令，这种命令的有效期可各不相同，最短为五年，最长为永久，根据做出该冻结决定的理由而定。该法还规定，当内政部长或者参众两院中任意一院的内务委员认为，“存在着一种紧急状态而必须为了保护其他可能失去的价值而采取各种非常措施时”，则内政部长或者参众两院中任意一院的内务委员可以发布有效期为三年的紧急冻结命令。这项规定，曾在1978年12月1日被实施过，当时，宣布阿拉斯加的土地面积为1.05亿英亩的土地紧急冻结。

这方面的立法背景表明，1976年《皮克特法》被废止，意在取消总统据Midwest Oil案的判决而拥有的“默示”的冻结权力。但是，据其他的一些法令，如《文物古迹法》（见《美国法典》第16卷第431条）的规定，总统仍保留了这种冻结权力。卡特总统就曾经对阿拉斯加州的大片土地行使过这种冻结权。

国会还可以通过立法来冻结土地开发。最重要的立法土地冻结，除了1980年《阿拉斯加土地法》外，要算是1964年《荒野环境法》（见《美国法典》第16卷第1131条至第1136条）。该法创设了国家荒野保护体系。该法第1132

条规定了某些地区是荒野环境地区，并且规定，应当对其他国有林地加以审核以确定是否需要用新的立法将他们纳入荒野环境系统中来。

划定各荒野环境区域一事的最重要的意义可以在该法第1133条中找到，那就是极严格地限制该荒野环境区域的使用。该法第1133条规定，各荒野环境的管理机构“有责任保全该区域的荒野环境特征”并“确保这些区域专供休养、观赏、科学、教育、自然环境保护、历史研究等各种公共目的使用”。除在该法中有明确例外规定外，不允许在任何荒野环境区域内建造各种商业设施或者铺设永久性道路。鉴于《矿业法》在1983年前仍适用于各荒野环境区域，因此，将这些荒野环境区域用于采矿是一个重要的例外。由于《荒野环境法》极大地改变这些土地的地位但又没有取代原先颁布的一些立法规定，因此，它与那些原先的立法规定之间的关系如何，人们尚不清楚。

6.4.3 防止与私人使用之间的冲突

要保护各公有土地，除了要对在该土地上进行的开发活动加以限制外，还常常需要对在某些私有土地上进行的开发活动加以限制。例如，为了要使公有土地的目的能实现，至关重要的一件事就是保护该土地的供水。如果没有清洁的空气和良好的能见度，那么，就不能将其他的一些公有土地用于它预期的各种目的。在本章的余下部分，我们来简要的讨论一下制定法和普通法中的用来防止公有土地与和它相邻的私有土地的各种用途之间冲突的一些学说。

恰如Cappaert v. United States，426 U.S. 128(1976)案的判决所表明的那样，在水法中，联邦政府确实享有优先权。该案涉及位于内华达州内的一个叫“魔鬼洞”的洞穴内的一个地下水池。该魔鬼洞四周的土地是“死亡谷国家（自然）遗迹地”的组成部分。在这洞穴内的这个小池中，有一种名叫魔鬼洞石鱼的鱼在其中生活和繁殖，若该池中的水位下降到一定程度，露出了石头，则该鱼便无法繁殖。附近的土地所有人已开始抽取该池中的水，结果使池中水位不断下降。法院认为，总统所发布的设立包括该洞穴在内的国家（自然）遗迹的公告，也适用于那些为达到设立该（自然）遗迹地的全部目的所必要的地下水的保护。设立该（自然）遗迹地目的之一是保护该魔鬼洞中的水池及生活在其中的鱼。因此，虽然依据州的法律规定，该池及池中的鱼是无资格受到法律保护的，但是，根据联邦的法律规定，政府有权坚持，该池中的地下水水位应当保持在一定的水位，以使这些鱼类得以生存和繁殖。

上述的默示保护学说的某些局限性，在 United States v. New Mexico, 438 U. S. 696（1978）案中已明朗。该案的诉因是，创建国家森林的目的是否也包括为了公众的娱乐及保护野生生物而保护水体这一目的。最高法院认为，创建国家森林的目的仅在于保证木材的持续供应和保护控制河溪水流量的分水岭。最高法院认为，虽然，以后保护野生生物这一目的会发展成为设立国家森林的次要目的，但是，该次要目的尚未成熟到可对它适用“默示保护学说”的程度。法院的判决表明，它对水法领域中州的各种权力极为关心。四大法官反对上述主张，他们认为，国会“保护和改善”国有森林的愿望，包括了保护栖身在这些森林中野生动物的愿望。

默示保护学说具有深刻的历史根源。保护属联邦所有的土地的更新规定可以在《清洁空气法》中找到。该法第

162 条，将主要的国家荒野环境地区和国家公园划为一类地区。对于一类地区，应据该法所确定的防止（大气质量）显著恶化的原则，加以特殊保护。为了实施这个要求，该法规定，在该类地区从事各种活动应持有特别许可证，并且要求各州对它的实施计划据此做必要修改。

根据《清洁空气法》第 165 条的规定，即使某设施的排污不符合适用于一类地区的排污标准，只要受影响的联邦土地管理者证明，这种排放没有或者不会对该属联邦所有的土地造成不良影响，则仍然可能获得许可证。而且，即使在该属联邦所有的土地管理者反对为这个设施颁发许可证的情况下，州长还可能请求总统行使他的有限豁免权，为这个设施颁发许可证。反之，即使某设施确实达到了为一类地区规定的排放标准，但是，若它的排污会对该一类地区的大气能见度或者“与大气质量有关的其他价值”受到不良影响的话，则可拒绝给他颁发许可证。《清洁空气法》的另一个重要规定是该法第 169 条第 1 款（《美国法典》第 42 卷第 7491 条），该条规定的目的在于责令将一类地区的大气能见度保持在高水平上。虽然，在这样做时，应着重考虑有关的成本因素，但是，为了改善大气能见度，仍然要求在一定程度上对某些设备加以改造。

6.5 保护濒危物种

在本书的最后一节，我们将围绕生物多样性的主题展开讨论。保护濒危物种这一主题会涉及本书已讨论过的方方面面的问题，如法院、行政机构以及立法机关的职责划分；环境价值的含义和效力；平衡环境保护与经济因素的必要性和有效性。正如我们在前文所注意到的，保护濒危物种还涉及政府的权力与私主体财产所有权之间的平衡问题。

在联邦法律中，濒危物种得到了格外重视的保护，在20世纪七十年代，美国环境法律体系初步形成的年代，联邦颁布了《濒危物种法》(见《美国法典》第16卷第1531条及以下)。该法第4条要求商业部长和内政部长，根据最科学的数据来决定是否需要将某物种纳入濒危物种的行列以及是否需要划定该物种的栖息地(见《美国法典》第16卷第1533条)。该法的第7条规定，需要建立“部门间合作”，并要求部门间磋商以保证机构行为不会危害任何濒危物种——部门间磋商的结果必须是不能造成对濒危物种的危害(见《美国法典》第16卷第1536条)。该法第9条规定，禁止联邦、州和地方政府“征用”任何濒危物种(见《美国法典》第16卷第1538款)。

正如我们在本书第一章中所讨论的，最高法院在TVA v. Hill案的判决中支持了对《濒危物种法》进行扩大解释的做法，即对一个快要竣工的价值数百万美元的工程颁布了一项禁令。法院的判决强调了在保护濒危物种这一问题上国会拥有绝对的优先权。为了回应TVA v. Hill案的判决，国会对《濒危物种法》加以了修改，以特殊的委员会(统称为“上帝委员会”)的形式为其他机构参与濒危物种保护提供了便利条件。只要不存在对机构行为合理的替代方案，采用旧方案的经济利益更大，且这些旧方案也是出于公共利益的考虑并对本区域会产生重大的影响，这些委员会就可以不服从《濒危物种法》第7条的规定(见《美国法典》

第16卷第1536条第5款和第8款)。在后续的实践中,这些委员会从来没有适用过这些例外规定,所以修正后的第7条的综合实施效果和以前是一样的。

《濒危物种法》的第7条在禁止政府危害濒危物种的同时,也得到了法院强有力的支持。例如,在 National Wildlife Federation v. Coleman, 529 F. 2d 359(5th Cir. 1976)案中,法院认为,州际高速公路的建设会直接穿过密西西比沙丘鹤的栖息地。法院同时认为,州际高速公路的建设在带动当地发展的同时,会使得沙丘鹤陷入更加危险的境地。法院强调,《濒危物种法》第7条"要求联邦机构有义务保证它们的行为既不会危害到濒危物种的生存,也不会破坏濒危物种的栖息地"。

在实践中,《濒危物种法》第7条的规定也不乏争议,特别是在美国的东北部地区,在这一地区,保护北美斑点雀的努力导致了当地木材砍伐的限制,对大马哈鱼的保护涉及了对所有物种平等的争议。但是,根据第7条的规定,最起码,政府只限制了其自身的活动或者其自身的土地和资金的使用。而第9条的规定却得到私有土地所有权人的强烈反对,从这些主体身上剥夺他们的权利不仅会导致这些主体经济利益的损失,还会使得濒危物种的栖息地发生改变,从而影响到了所有权人的利益。无疑,为了实现《濒危物种法》的目标,"物权"这一概念得到了灵活的运用。

在 Babbitt v. Sweet Home Chapter of Communities for a Great Oregon, 515 U. S. 687 (1995)案中,法院认为,濒危物种栖息地的破坏可能会涉及违反《濒危物种法》第9条的规定。第9条是关于禁止濒危物种"征用"的规定，其中“征用”是指会对“折磨、危害、追踪、猎取、射击、伤害、杀害、陷害、捕获或者收集”濒危物种造成积极影响的政府行为（见《美国法典》第16卷第1532条第19款）。内政部长将政府管理中的“危害”界定为，只要能构成“濒危物种栖息地的变化或者生存指数的下降，从而导致该物种被杀害或者是对该物种的生存方式（包括生育、捕猎以及隐藏方式）造成极大伤害的行为”。同时，政府对其管理行为进行解释时，必须要公布进行管理的明确理由。在本案中，摆在法院面前的问题是，政府对《濒危物种法》的解释是否是在可允许的范围内。以Stevens法官为代表的法院谨慎地认为，政府的解释是有效的，该解释是依据大量的法定文本来做出了“伤害”认定，并且符合《濒危物种法》改变物种灭绝趋势的立法目的。

对于上述判决，Scalia法官持有强烈的异议。该异议的关键点是，适用于野生动物的政府“征用”规定已经过时，这会导致政府“通过杀害或捕获来减少或人为控制这些动物的数量”。他同时认为，“政府需要证明国会在界定濒危动物‘征用’的概念时没有按照其原有的概念进行界定”。Scalia法官对《濒危物种法》的解释有可能得到认可，但是在Chevron案所确定的理论指导下，其不仅要证明行政机构的法律解释不仅是错的，而且还是不合理的。

Scalia法官对于法律文本的争议显得过于夸张。如果说当Mrs. O'Leary的奶牛踢到了灯笼而导致了芝加哥发生大火，同时也烧毁了它们的栖息地时，我们还认为Mrs. O'Leary的奶牛没有伤害到芝加哥的人们，这就显得让人难以接受了。相似的，作为英语习惯用法的一般方式，如果破坏了濒危物种的生育环境或者减少了濒危物种的食物供给无疑会伤害到这些濒危物种。因此,这些异议者的观点不是依据法律文本表达的清晰内容而做出的,而是在更加积极地关心物权的所有者的前提下做出的。

开发者十分憎恨联邦对私人土地的限制。在相继提出宪法中规定的"商业条款"和"征用条款"失败后,这些开发者仍然对政府施加着巨大的政治压力。为了平息开发者的反对意见,各地广泛使用的应对措施是濒危物种栖息地保留计划(HCPs),该计划许可为了减轻反对意见而允许开发部分土地,开发除此之外的土地需要加以限制。大量的栖息地保留计划只涉及小块区域的开发,只有5%的计划涉及100000英亩开发,只有几个计划涉及100万英亩土地的开发。理论上,栖息地保留计划应该包括长期发展的机会以及综合性生态计划,但是,这些计划的批评者也指出,在某些时候,这些计划也会成为不执行《濒危物种法》的借口。有时,这些计划也被人们称为政府间环境合作的典范,也有可能成为环境保护的新方向。

在环境法中经常出现的,可以很自信加以预测的唯一结论是,环境法将始终保持吸引力。正如出于对社会其他价值的尊重一样,我们的社会将会在实现环境保护的目标进程中,不断地进行创造和奋斗。当前所出现的气候变化问题会将环境活动引入到一个新的领域。

正如我们所发现的,环境管理中存在着太多难以平衡的因素。出现这种现象的部分原因是,环境法需要顺从这些因素以及环境法涉及复杂且科技含量高的规则。为了中和这些复杂性,在过去的几十年里,环境法曾失去了保护环境的目标底线。最晚不超过二十世纪六十年代末，我们的整个社会都开始重视保护环境。但是，“成本问题”以及“恶化的速度问题”还是持续使得我们在分析环境问题时出现结论上的重大差别。但是，环境法最基本的承诺还是经过了时间的检验。尽管这过程中存在不完善和挫折，环境法依然在坚定地走向前方。